내 월급에 딱 맞는
쪽집게 재테크

오늘부터 시작하는 월급쟁이 재테크 수업

내 월급에 딱 맞는 쪽집게 재테크

서혁노 지음

원앤원북스

당신은 좋은 사람입니까?

"당신은 좋은 사람입니까?"

네, 좋은 사람입니다.

"당신은 어떤 일을 합니까?"

재무설계사입니다. 아, 아닙니다. 자산관리사입니다. 아, 아닙니다. 재무설계 및 자산관리사입니다.

저 또한 이제 정의하기에도 헷갈립니다. 일반적으로 재무설계사는 고객의 재무흐름, 즉 소득과 지출의 균형을 잡아주고, 고객의 성향과 재무목적에 맞추어 상품을 분배하고, 고객이 미처 보지 못한 것을 잡아주고, 시간과 기간을 고려해서 안정적 상품과 투자성 상품에 골고루 투자해 삶의 균형을 잡아주는 역할을 합니다. 예를 들어 고객과 이런 이야기를 나눕니다.

──── "맞벌이를 하고 있는데 돈이 모이지 않고 오히려 마이너스 생활을 합니다."

가정에 재무목표가 있으신가요? 1~3년의 단기, 3~5년의 중기, 5년 이상의 장기 목표를 구체적으로 말씀해주시겠어요?

———— "일단 종잣돈을 만들고, 3년 후쯤 아이를 갖고, 그 후 집을 사려고 합니다."

이 재무목표를 이룰 수 있을지 현재 상황에서 점검해볼게요. 이 부분의 지출은 조금 과한 것 같습니다. 이 부분에 관한 지출은 통제하는 게 좋을 것 같습니다. 이렇게 조정하면 한 달의 현금흐름표는 이런 식으로 바뀌게 됩니다.

———— "어 저희 가정에도 저축액이 생겼네요! 어디에 저축을 하면 될까요?"

그럼 제가 질문을 한번 드려볼게요. 지금까지 가입한 금융상품으로 어떤 것이 있나요?

가) 정기예금이나 정기적금 등 확정금리 상품만 가입했다.

나) 신탁과 펀드 같은 실적배당형 상품에도 가입해봤다.

다) 주식 직접투자경험이 있다.

질문 하나 더 하겠습니다. 퀴즈쇼에 출연해 우승을 했습니다. 사회자가 다음의 선택권을 준다면 어떤 상품을 받으시겠어요?

가) 100만 원의 현금을 받는다.

나) 150만 원 상당의 가전제품을 받는다. 단, 어떤 상품인지는 알 수 없다.

다) 30만 원부터 300만 원 사이의 금액이 적혀 있는 돌림판을 돌려

해당하는 현금을 받는다.

라) 가위바위보를 해서 이기면 1천만 원을 받고, 지면 아무것도 받지 않는다.

─────── "첫 번째 질문에 대한 대답은 (가)이고, 두 번째 질문은 (다)입니다."

고객님의 답변을 들어보니 고객님은 지금까지 금융상품의 정보가 부족해 안정형 상품만을 준비했습니다. 하지만 고객님의 기본적인 성향은 어느 정도 도전적인 성향이 있는 걸로 보입니다.

고객님의 성향을 봤을 때 단기 목표는 안정적인 상품 위주로 준비해야 합니다. 또 보수적인 성향이 아니니 원금보존형의 발행어음이나 MMF상품을 가져가는 게 은행의 이자보다 더 많이 가져갈 수 있습니다. 중기 목표 같은 경우에는… (중략)

이렇듯 이야기를 나누며 고객의 성향과 목표에 맞는 솔루션을 제안합니다. 그런데 방금 이 경우의 고객이 맞벌이 부부의 소득 중 아내의 소득을 온전히 저축과 투자를 해서 이후 4년이 지나서 또다시 이런 질문을 합니다.

─────── "원장님, 저희 1억 2천만 원을 모았어요. 아직은 현재의 집에 전세로 사는 게 좋을 것 같은데 5년 정도 지나면 자가 아파트에 살고 싶어요. 좋은 방법이 없을까요?"

○○동네가 재개발 시행확정이 떨어졌는데, 전세 끼고 사면 1억 2천만 원 정도에 매입할 수 있을 것 같아요. 제가 좀 더 알아보고 가격도 좀 깎아볼게요.

이렇게 되니 저는 자산을 불리는 재테크 전문가나 자산관리사인 것 같기도 합니다. 2020년을 살아가는 오늘날 우리에게 정말 필요하고 착하고 좋은 사람은 어떤 사람일까요? 재무설계사, 자산관리사, 재테크 전문가, 이런 여러 수식어로 저를 하나씩 정의하기는 어렵습니다. 처음 공부하고 배울 때와 일을 하면서 강산이 한두 번 지나다 보니 많은 것들이 달라졌기 때문입니다.

하지만 한 가지는 확실한 것이 있습니다. 저를 만나서 이야기하는 사람들은 모두 '돈' 이야기를 한다는 것입니다. 어떻게 보면 이 책은 투박하기도 하고, 기존의 책들과는 다른 형식의 책일 수도 있지만, 세상 모든 '돈' 이야기 중 가장 많은 빈도로 상담했던 이야기가 담겨 있다고 확신합니다.

최근 상담을 하면서 고객이 이런 말을 하더군요.

"소고기 한 번 안 사 먹으면 되는데, 뭣하러 돈을 아껴 저축을 해요? 돈도 잘 버는데…"

그럼 재무상담을 왜 신청했을까요?

"재무설계를 받아서 1년 안에 자산을 두 배로 만들고 싶어요."

주식방송을 하는 개인 전문가를 찾아가야 하지 않을까요?

"책 읽는다고 부자가 되지 않더라고요"

맞습니다. 읽고 끝내는 게 아니라 알게 된 내용을 실천해야죠.

재무설계의 포토폴리오를 보면 뻔합니다. 지출에서 줄일 수 있는 것은 줄이고, 통장을 쪼개서 비상금을 만들고, 목표와 계획을 세워서 저축하고, 적립식 펀드에 들고, 연금에 가입하고, 특판상품에 가입하고, 청약저축에 가입하고, 목돈 만들어서 부채를 갚고, 이렇게 쉽게 말할 수 있습니다. 그런데 실천하는 것이 정말 어렵습니다. 만약 결혼해서 가족까지 생기면 더 어렵습니다.

살을 빼고 나서 요요현상이 오지 않게 음식을 조절하고 평생 운동하듯, 재무설계는 겉으로 드러나는 건 비슷하지만 어떻게 방향성을 잡고 균형을 잡아 쭉 함께 갈지 고민하는 것이 진짜 재무설계입니다. 즉 잘 벌고, 잘 아끼고, 자신에게 맞는 좋은 상품 가입해서 자산을 지키고 불리는 것이 재무설계의 핵심입니다. 마치 숨바꼭질 같은 인생의 여러 퍼즐을 하나하나씩 맞춰가듯이 밀입니다.

책 출간을 한 달 앞두고 어머니의 위암 4기 판정을 알게 되었습니다. 평상시 어머니가 무심코 한 번씩 던졌던 "내가 너보다 많이 아프다."라는 농담 같은 말이 이제야 비수가 꽂히듯 가슴에 꽂혀 찢어지도록 아프게 느껴집니다. 23년 전 아버지가 돌아가셨을 때 제대로 효도도 못 해드린 것 같아 못내 후회했습니다. 그때 어머니에게는 꼭 효도하며 살겠다고 했는데, 그러지 못한 것 같아 속상합니다.

고령의 연세와 암 전이로 인해 수술을 할 수 없는 현재, 항암치료를 진행 중인 어머니의 몸이 많이 약해지셨습니다. 지금까지 두 번의 항암치료를 잘 견디며 병마와 싸우고 계시는 어머니께 이 책을 통해 전하고 싶습니다. "어머니 미안합니다. 그리고 사랑합니다."

　　꼭 암이라는 병과 싸워 이겨내셨으면 합니다.

서혁노

차례

PART 01 아직도 재무목표가 없으세요?

PART 02

혼자서도 잘해요
1인 가구의 재테크

PART 03

둘이 아니면 힘들까요?
외벌이 부부의 재테크

PART 04

함께 목표를 이루어가요
맞벌이 부부의 재테크

아직도 재무목표가
없으세요?

재무목표는
왜 세워야 할까요?

저는 약 20년간 재무설계사(또는 한국경제교육원 원장 등)로 일하며, 수많은 사람들을 만나왔습니다. 20대 사회초년생부터 30~40대 직장인, 임금피크제를 시행하고 있는 은퇴 직전의 50대 기업체 임직원, 1인 가구, 맞벌이 부부 등에 이르기까지 다양한 사람들의 재무고민을 들어주고 조금이라도 경제적인 걱정을 덜어주고자 노력해왔습니다.

결혼해서 아이를 낳고, 남에게 뒤처지지 않게 교육시키고, 가족들이 건강하게 살 수 있는 집 한 채를 마련하고, 노후에 텃밭을 가꾸며 건강하게 사는 것. 이것이 소박한 우리의 꿈 아닌가요? 그런데 이 소박한 꿈을 이루기 위해서는 수도권만 해도 거의 10억 원 이상 돈이 들어갑니다. 일평생 받을 평균 급여를 300만 원이라고 가정하면 취업하고 은퇴할 때까지 받는 급여 전체를 모아야 가능합니다. 이렇듯 결혼하고 아이를 낳고 교육시키고 집을 사고 노년을 평화롭게 보내는 꿈이 더이상 평범하지 않은 럭셔리한 삶이 되어버린 현실에서, 우리는 부채를 지며 근근이 살고 있다는 표현이 맞을 겁니다.

그래서 맞벌이를 합니다. 하지만 맞벌이를 해도 돈이 전혀 모이지 않습니다. 물가가 자꾸 오르니까요. 세금도 계속 오릅니다. 그런데 급여만 더디게 올라가는 것 같습니다. 1970년대처럼 은행에서 20% 이상의 금리를 보장해주면 열심히 돈만 모으면 됩니다. 그런데 현재 대한민국 은행금리는 약 2%입니다. 오르는 물가보다 적은 이자. 은행은 돈을 보관하는 곳일 뿐, 자산을 굴려주지 못합니다. 그러다 보니 자꾸 비트코인, 주식, 부동산 등 재테크에 눈을 돌리게 됩니다. 약간의 종잣돈만 있으면 투자 가능한 부동산 갭 투자가 한동안 유행하기도 했죠.

✔ 우리는 왜 재무목표를 세워야 할까요?

'2018년 결혼 비용 실태 보고서'에 따르면 신혼부부의 주택마련 평균 금액은 1억 6,791만 원이라고 합니다. 신혼부부가 열심히 저축을 해서 마침내 이 돈을 모아 결혼을 했다고 가정해봅시다. 현재 서울이나 경기도의 아파트 분양현장을 가보면 소형 평수의 가격도 5억~6억 원에 달합니다. 신혼 때의 주택과 자가 주택마련의 차이만 벌써 3억 5천~4억 5천만 원 정도입니다.

여기에 자녀의 교육자금 1억 2천만 원, 노후자금 5억 원(물가상승률을 제외하고 30년간 매월 138만 원씩 수령했을 경우) 등 대략적으로 계산해도 벌써 10억 원이라는 자금이 필요합니다. 물론 극단적으로 예를 들긴 했지만, 이 수치를 보기만 해도 머리가 아프고 '현재 생활하기도 빠듯한 급여로 과연 이 자금을 모으는 것이 가능할까?'라는 생각이 들 것입니다.

이처럼 재무설계는 '반드시 오고야 마는 상황'에 대처하기 위해 꼭 필요한 과정입니다. 그렇기 때문에 인생의 목표와 재무목표를 먼저 세우고 난 다음 목표를 달성하기 위해 자산·부채·수입·지출·투자성향 등 기초자료를 수집 및 분석해야 합니다. 이렇게 정리한 자료를 토대로 자신의 목표달성에 필요한 계획을 짜고, 새어나가는 지출이 있는지 점검하고, 저축과 투자상품의 단기·중기·장기 배분을 적절히 해서 실행하면 됩니다.

✔ 재무설계의 영역

재무설계는 기본적으로 자신의 현금흐름을 분석하고 목표에 따른 소비지출 계획을 세우고 포트폴리오를 구성하고, 저축 및 투자설계의 가장 기본적인 영역에서 보험을 통한 위험설계, 은퇴설계, 주택마련을 위한 부동산설계 및 대출상환 플랜, 연말정산, 자녀 증여, 부모님 주택 상속 등 전반적인 세금설계까지 이르는 광범위한 영역입니다. 그래서 막연히 어렵게만 느껴져 전문가에게 맡겨버리기도 합니다.

우리는 살아가면서 월세 같은 지출을 줄이기 위해 정부의 전세자금 대출을 활용해서 언제쯤 전셋집으로 이사를 갈지, 본인이 현재 전세에 살고 있다면 언제쯤 주택을 마련하고 모자라는 부분은 어느 정도 대출을 받을지, 노후를 위해 지금부터 얼마를 준비해야 하는지, 종잣돈을 만들기 위해서 매월 어떤 기관을 통해 어떻게 준비해야 하는지 등의 목표를 세웁니다. 재무설계란 이러한 것들을 차근차근 준비해가는 과정이라고 생각하면 됩니다.

저를 찾아온 많은 사람들의 고민은 바로 돈입니다. 돈이 많다고 해서 반드시 행복한 것은 아니지만, 돈이 없으면 행복을 논하기조차 어렵습니다. 흔히 재무설계라고 하면 대부분 뻔하다고 생각합니다. 지출에서 줄일 수 있는 건 줄이고, 통장을 쪼개서 비상금 통장을 만들고, 목표를 세워서 저축하고, 적립식 펀드와 연금에 가입하고, 특판상품도 놓치지 않고, 주택청약저축도 들고, 목돈을 만들어서 부채를 갚는 등 누구나 아는 이야기를 한다고 생각하는 것이죠. 그러나 이런 쉬운 것들도 정작 실천하기란 무척 어렵습니다. 게다가 결혼해서 아이까지 있다면 더더욱 힘들어지죠.

재무설계는 다이어트와 같습니다. 다이어트로 살을 뺄 때 요요현상이 오지 않도록 평소 식단을 조절하고 꾸준히 운동을 해야 하는 것처럼, 재무설계도 방향을 잃지 않고 한결같이 실천해나가야 합니다. 즉 잘 벌고 잘 아끼고 자신에게 잘 맞는 좋은 상품에 가입해서 자산을 지키고 불려야 합니다.

예측하지 못한 위험요소는 지금 당장이 아닌 미래에 불쑥 튀어나오기 때문에 미리 준비해야 합니다. 이렇게 준비해야 하는 건 알지만 그 과정은 너무나 막막합니다. 재무목표를 설정하고 실천하는 데 필요한 교육, 받아본 적 있으신가요? 우리는 금융을 공부할 필요가 있습니다.

조기 금융교육은
꼭 필요합니다

　해외의 금융기관은 청소년들에게 금융지식을 쌓아주고 저축 습관을 심어줄 수 있는 상품을 열심히 개발합니다. 이런 금융상품들은 예외 없이 높은 금리를 주고 수수료 면제 등의 파격적인 혜택을 부여하는 경우가 많으며, 어릴 때부터 투자를 직접 체험하게 함으로써 투자 마인드도 심어줍니다. 비자카드나 마스터카드 같은 신용카드 회사들은 선불카드로 아이들이 올바른 소비 습관을 가질 수 있도록 하고 있으며, 미국의 많은 부모들이 아이들의 금융교육을 위해 이를 활용하고 있습니다.

　이렇게 선불카드를 사용해 이루어지는 금융교육은 자녀들의 지출, 즉 용돈을 어디에 사용했는지 정확하게 파악할 수 있어 계획적인 소비 습관을 길러주는 데 좋습니다. 또한 소비 습관 및 신용관리에 멈추지 않고, 아이들이 올바른 펀드 투자를 체험하게 함으로써 자연스럽게 투자 경험을 쌓게 합니다.

　해외의 사례를 보며 대한민국의 청소년 금융교육은 현재 어떤 수준인지 점검해볼 필요가 있습니다. 금융과 경제관념에 대한 교육을 받을 시간도 없이 입시지옥에 시달리며 청소년기를 보내고, 청춘의 첫 장인 20대 초중반에는 취업 준비로 많은 시간을 보내고 나서야 비로소 회사에 입사하게 됩니다. 그리고 월급을 받는 동시에 돈이 줄줄 새어나갑니다. 부모님과 가족들 선물, 친구들에게 입사턱 등의 다양한 이유들로 월급이 통장에 머무를 틈 없이 빠져나가는 것이죠.

몇 개월이 지나면 여태 없었던 지인들의 경조사가 갑자기 물밀 듯 밀려옵니다. 이렇게 정신없이 6개월~1년 정도 보냅니다. 이러고 나서 정말 무서운 건 모아놓은 돈이 없는데 돈을 쓰는 소비 습관부터 자리 잡게 된다는 겁니다. 입사 후에는 돈에 관련된 부모님의 말씀이 잔소리로 들려오는지, 그 잔소리를 탈피하고 싶어 독립을 결심하기도 하죠. 독립으로 월세라는 지출 목록이 하나 늘게 되고 월세를 겨우겨우 메꿔가는 와중에 자동차가 눈앞에 아른거립니다. 그렇게 목돈 한번 못 만지고 30대에 접어들게 됩니다.

사회초년생에게 가장 중요한 것은 '계획된 지출관리 습관'입니다. 스스로에게 다음의 두 가시 질문을 던져봅시다.

"나의 실수령액은 얼마인가? 이번 달에 내가 사야 할 것은 무엇이며, 얼마의 예산을 집행할 것인가?"

"해당 품목에 계획 대비 얼마를 썼고, 소비를 줄일 수 있는가?"

저축하고 투자를 해서 자산을 불리는 것도 중요하지만, 한 달 동안 눈치 보며 땀 흘린 노동의 대가를 명확히 인지해서, 무조건 과도하게 절약하기보다 계획하에 지출할 수 있는 좋은 습관을 들이는 것이 가장 중요합니다.

우리는 자신의 소비 패턴을 살펴보고 고정화된 소비 품목들을 정리하고 다른 대안을 통해 이익을 얻을 수 있는 부분이 어떤 건지 분석하는 단계를 거쳐야 합니다. 같은 소비라도 신용카드 결제인지 체크카드 결제인지에 따라서 연말정산에 공제받는 금액이 달라집니다. 또한 자신의 소비 패턴을 분석해서 미리 준비하면, 충동적인 할부 결제나 신용카드 빚을 사전에 예방할 수 있습니다.

지출관리 후에는
분배해 투자합니다

앞서 등장한 두 가지의 질문을 통해서 지출관리가 되었을 때 비로소 잉여자금을 가지고 투자도 할 수 있는 분배의 단계에 접어들게 됩니다. 다음을 참고해 자금 분배를 계획해봅시다.

✔ 비상금 통장을 만든다

모든 연령대를 막론하고 비상금 통장이 없다면, 만일의 상황이 발생했을 때 재무목표가 무너질 가능성이 높습니다.

✔ 목적에 맞게 통장을 쪼갠다

급여 통장, 즉 소득이 들어온 하나의 통장 안에서 모든 세부적인 지출들이 빠져나간다면 소비 파악이 어려워집니다. 그로 인해서 자신도 모르게 보이지 않는 지출이 발생하기 때문에 고정지출 통장, 비상금 통장, 저축·투자 통장 등을 각각 만들어 통장을 쪼개서 사용하는 시스템을 만들어야 합니다.

✔ 적금을 무리하게 넣지 않는다

사회초년생들의 의도치 않은 실수 중 하나는 처음부터 무리하게 적금을 넣는 것입니다. 이럴 경우 적금을 중간에 해지하는 일이 벌어질 수 있으며, 이런 상황이 반복되면 나중에는 나쁜 습관이 자리 잡을 수도 있습니다.

✔ 노후에 대한 준비를 미리 조금씩 한다

보험이란 예기치 못한 어떤 사고가 발생했을 때 감당하기 힘든 자금이 들어가는 것을 해결하기 위함입니다. 너무 과하지 않게 딱 필요한 보장만 선택해 가입하는 게 좋으며, 한 살이라도 어릴 때 가입해야 더 저렴하고 폭넓은 보장으로 준비할 수 있습니다. 보험회사의 개인연금의 경우 경험생명표라는 요율표를 쓰는데, 이는 시간이 지나서 가입할수록 연령과 반비례해 연금 수령액이 줄어드는 구조를 가지고 있기에 조금이라도 젊을 때 가입할 것을 추천합니다.

또한 연금 특성상 일찍 가입하고 오래 거치할수록 적립금이 많아지며, 재무적 특성을 봤을 때도 미혼일 때가 자금을 모으기에 가장 적당한 시기입니다. 나이가 들고 가정을 이루게 되면 육아자금, 교육자금, 주택자금 등의 비용들이 발생해 월급만으로 저축하고 연금까지 넣기가 굉장히 빠듯해지기 때문입니다.

본격적인 재테크 이야기에 들어가기 전에 1인 가구, 외벌이 부부, 맞벌이 부부로 나눠서 주요 재테크 쟁점을 알아보겠습니다.

1인 가구라면
이것만큼은 챙겨야 합니다

30대 1인 가구는 20대 때보다 안정적으로 직장에 자리 잡아 여유 있는 생활을 하는 경우가 많습니다. 실제로 1인 가구의 가처분소득* 이 기혼자의 가처분소득보다 높다 보니 점점 비혼 가구가 증가하는 추세입니다.

1인 가구는 돈 관리 특징에 따라 크게 두 가지 유형으로 나뉩니다. 첫 번째는 혼자서 보내는 시간이 많아 외로움을 달래고자 소비를 하는 유형이고, 두 번째는 자기만족을 위한 지출이 습관으로 이어져 과소비하는 유형입니다.

그러므로 하루라도 빨리 지출 계획을 정해서 생활비, 주택비, 식비 등의 지출을 고정화하고 저축 여력을 만드는 일부터 해야 합니다. 소득의 40~50%는 강제적으로 저축을 하도록 하는 것이죠. 그리고 나서 자신의 현재 순자산, 경제활동 기간 등을 고려해서 주택마련, 노후, 창

---

* 가처분소득: 실질적으로 개인이 저축이나 소비로 마음대로 쓸 수 있는 소득. 시장소득(근로＋사업＋사적이전)＋공적이전소득－공적소비지출＝가처분소득

업 등 미래의 재무 이벤트를 고려한 분배를 해야 합니다. 1~3년의 단기 목적자금을 마련해야 한다면 원금이 보장되는 상품 또는 위험성이 적은 상품인 예금, 채권, 원금보장 ELS 등의 상품으로 목적자금을 마련하면 됩니다. 중·장기 목적자금을 설계할 때는 좀 더 수익성을 올릴 수 있는 상품으로 구성해야 합니다. 이런 모든 분배에 있어서 우선으로 고려해야 할 것은 바로 비상자금과 노후자금입니다.

✔ 노후자금

1인 가구로 평생을 살다 보면 노후에 도와줄 가족 없이 지내는 경우가 많습니다. 국민연금은 말 그대로 노후에 최소한의 기본적인 생활을 보장해주며, 요즘 많이 보편화된 퇴직연금은 조금 더 안정적인 생활에 보탬이 됩니다.

여유로운 노후생활을 위해서는 개인연금을 따로 준비하는 것이 가장 좋은 방법입니다. 연금을 많이 불입해서 준비하면 좋지만 현재 자금의 여력이 없다면 시간이 지나서도 수시로 추가납입을 할 수 있는 상품에 가입하면 됩니다. 또한 가입자가 살아 있는 동안 평생 연금을 수령할 수 있는 종신형으로 연금 수령방법을 선택하는 것이 좋습니다.

✔ 비상자금

1인 가구가 혼자 살게 되면서 가장 서럽고 힘든 순간이 언제인지 아시나요? 바로 아플 때입니다. 또한 갑작스럽게 사고나 질병이 발생하기라도 하면 치료비뿐만 아니라 한동안 소득이 단절된다는 것도 생각

실손의료보험

질병 또는 상해로 병원에 입원, 통원 치료 시 실제 부담한 금액을 지급해주는 보험으로, 개인이 가입한 연도에 따라 실제 부담한 금액의 80~100%를 보장해줍니다. 또한, 가입 연도에 따라 1년 갱신, 3년 갱신, 5년 갱신으로 나뉘어 있으며 갱신 시마다 보험료의 변동은 있을 수 있습니다.

이러한 보험료는 나이가 들수록 점점 부담될 수 있기에 은퇴 이후에 노인성실손보험으로(급여는 10~20% 자기부담, 비급여는 30% 자기부담) 갈아타는 방법도 하나의 대안이 될 수 있으며, 납입기간이 은퇴 이전에 종료되고 100세까지 보장되는 정액형 건강보험으로 보완하는 방법도 괜찮습니다.

단체보험으로 실손보험을 중복으로 가입해도 중복으로 보상되지 않는 만큼 한 회사에서만 가입하는 게 좋습니다.

CMA

목돈이 있지만 예금 같은 곳에 넣어두기에는 기간과 금리가 불만족스럽고 그렇다고 투자를 하기에는 손실이 부담스러운 경우에 주로 활용되는 방법으로, 단기간 투자할 자금을 활용할 때 좋습니다.

CMA/MMF 둘다 예치할 때마다 펀드/국채에 각각 투자되어 하루만 맡겨도 이자가 발생하는 상품입니다. 단, CMA의 경우 자유로운 입출금이 가능하나, MMF는 만기 설정(30일 이상 180일 이내) 이전에 인출 시 중도해지 수수료를 물 수 있어 원금 손실이 발생할 수 있습니다. MMF는 변동금리이기 때문에 금리의 변동에 따라 투자한 채권의 가치도 오르내리게 되는데, 금리 하락시기에 수익률이 더 오르는 상품의 특징을 가지고 있습니다.

CMA는 우리가 사용하는 일반통장과 같은 업무를 다 할 수 있습니다. 급여이체, 자동이체, 인터넷뱅킹 등 다양한 업무들이 예금통장과 같은 역할을 수행하기도 합니다. 엄밀히 말하자면 CMA는 투자상품이다 보니까 결과적으로 수익형 적금이라고 할 수도 있습니다.

또한 수익형 적금이라 하면 출금이 제한되어 있는 경우가 대부분이지만 CMA통장은 입출금이 자유로워서 비상자금으로도 활용이 가능하기에 비상금 통장이라고 불리기도 합니다. 비록 광고에서 나오는 고금리의 이자를 주지는 않지만 단기만 사용해도 1년 단위의 이자가 나오는 건 분명히 매력적입니다.

MMF

MMF란 Money Market Fund의 약자이며, 단기금융펀드라고도 불린다. 증권사나 투자신탁회사의 대표적인 단기금융상품이며 고객들의 자금을 모아 펀드를 구성, 재 투자하는 방식으로 수익을 내는 상품입니다.

CMA 통장처럼 은행 예금식으로 수시 입출금이 가능하며 하루만 돈을 맡겨도 펀드 운용 실적에 따라 이자를 받을 수 있는 매력적인 상품인데, 그러므로 MMF 통장은 목돈은 있는데 예금 같은 곳에 넣어두기에는 기간과 금리가 불만족스럽고, 그렇다고 투자를 하기에는 손실이 부담스러운 경우에 주로 활용되는 방법입니다. 증권사나 은행, 종금사 등 대부분의 금융회사를 통해서 가입할 수 있습니다.

MMF는 고객이 일정규모의 자금을 한 달 이상 6개월 이내 단기간 투자할 자금을 활용하는 통장입니다. 자산운용사는 고객들의 자금으로 펀드를 구성한 다음 투자대상 중 안정성 있고 높은 수익률이 예상되는 만기 1년 이내의 단기상품인 콜론, 기업어음(CP), 양도성예금증서(CD) 등에 집중투자, 높은 수익을 발생시킵니다.

해야 합니다. 그렇기 때문에 약정된 공제를 제외하고 실제로 지출한 의료비를 보장받을 수 있는 **실손의료보험**에 가입하고, 기본적인 건강보험에 암, 뇌혈관, 허혈성심장질환 등의 큰돈이 발생하는 질병의 진단비와 성인병, 질병, 상해수술 등의 수술비로 구성해 보장받는 게 좋습니다. 보험료는 소득의 3~7% 선에 맞추고 일할 수 있는 기간을 고려해 납입기간을 정하면 됩니다. 또한 예기치 못한 경제활동의 단절을 대비해서 소득의 3~6배 이상의 돈을 CMA나 MMF 등과 같은 단기 유동성 상품을 활용해서 비상예비자금으로 모아야 합니다.

이렇듯 1인 가구는 비상자금과 노후자금을 어떻게 마련할지, 마련한 자금을 어떻게 운용할지 진지하게 고민해보아야 합니다.

외벌이 부부라면
세 가지를 명심합시다

외벌이 부부는 사실상 저축할 여유가 없기 때문에 재테크가 더욱 어렵습니다. 외벌이 부부에게 가장 중요한 것은 선저축 후지출 습관과 명확한 자녀교육 철학입니다. 요즘은 결혼 후에도 맞벌이가 필수인 시대입니다. 하지만 육아 등의 이유로 여성의 경력이 단절된 채 외벌이 부부로 살아가야 한다면, 자녀교육비는 외벌이 부부의 재무 목적자금 중 가장 고민이 되는 부분입니다.

외벌이 부부 중 배우자기 부업이니 이르바이트를 하는 이유 중 하나는 가정의 생활비에서 자녀교육과 관련된 부분이 가장 크기 때문입니다. 외벌이 부부는 우선 다음의 세 가지를 명심해야 합니다.

✔ 가계부를 써야 합니다

가정 내에서 소비나 현금흐름을 파악하기 가장 용이한 것은 가계부입니다.

✔ 내집마련은 효율적인지 따져봅니다

부동산 재테크에 초점을 맞춰 내집마련을 무리하게 한다면 대출이자 등으로 인해 자녀의 교육비나 은퇴자금 같은 다른 목적자금을 모으는 일에 차질이 생길 수 있습니다.

✔ 노후 준비와 자녀교육은 미리 조금씩 준비합니다

정해진 소득으로는 생활비를 쓰는 것만 해도 빠듯하다 보니 자칫 노후자금이나 자녀교육비 준비에 소홀해질 수 있습니다. 자녀교육비나 노후자금은 중장기 목표이므로 시간의 이점을 잘 사용해야 합니다. 긴 시간의 투자와 적립이 가능하므로 적은 금액으로 준비할 수 있으며, 투자리스크에 대한 대비를 시간으로 헤지(hedge)가 가능합니다.

보통의 외벌이 부부들을 상담해보면 맞벌이 부부로 있다가 아내가 임신 때 너무 힘들어서 일을 관두거나 출산 이후에 마땅히 아이를 맡길 곳이 없어서 외벌이로 지내는 경우가 많습니다. 보통 30대 외벌이 가정을 상담 시 수입분포도를 보면 월 300만~350만 원 정도가 많은데, 저축을 못 하는 가정들이 너무 많습니다. 이에 따라 외벌이 부부도 다양한 재무고민이 있습니다. 파트 3에서 좀 더 자세히 살펴보겠습니다.

맞벌이 부부에게
공동 재무목표는 필수입니다

요즘은 맞벌이가 선택이 아니라 필수라고 합니다. 한 명이 벌던 가정의 소득에서 이제 두 명이 버는 소득으로 상승했는데도 왜 가정경제는 어려운 걸까요? 그것은 가정 안의 돈이 어디로 흐르는지 정확히 모르고 있기 때문입니다. 하물며 요즘 젊은 부부들은 수입의 일정 부분을 생활비로 내고 남은 돈을 따로 관리한다고 하니 이런 일이 발생하는 경우가 많습니다.

✔ 실수령액 파악 후 항목별 예산안 만들기

부부가 되었다면 가정의 재테크를 위해서 공동의 재무목표를 정하고 거기에 맞춰 자금을 운용해야 합니다. 두 사람이 같은 직장에 다니지 않는 한 급여일은 당연히 다를 텐데요. 정확한 실수령액을 파악하고, 상여나 수당 등으로 매달 수입이 일정하지 않다면 연간 총수입을 12개월로 나눠 월평균 급여를 정합니다. 그리고 세부 항목별 지출을 정리합니다. 부부가 어떤 항목에서 얼마를 쓰고 있는가를 정확히 파악한 후, 유동성지출(비정기지출)과 비유동성지출(정기지출)로 나누고 거기에 따른 예산안 계획을 세웁니다.

예산안을 짤 때는 세부 항목으로 하나하나 다 잡지 말고 주거비, 양육비, 식비, 용돈, 보험료, 교육비 정도로 간단하게 항목을 분류합니다. 그 후 부부의 공동 정기지출 통장과 비정기지출 통장으로 분류하고 월평균 소득의 3~6배 정도의 비상자금을 만들면 됩니다.

예산안을 만든 후에는 선저축(투자 포함) 후 지출 통장에 예산액을 입금합니다. 단순하게 맞벌이를 하면 소득이 많이 늘어날 거라고 생각하기 쉽지만 소득이 늘어나는 만큼 지출도 비례해 늘어납니다. 그러므로 일단 현재의 상태에서 예산을 좀 더 넉넉하게 잡고 지출하다가 남은 금액을 비상금 통장에 정산 후 입금하기로 하고, 3개월 후 평균 지출액을 산정해 거기에 맞도록 더 줄이면 됩니다.

✔ 전략적인 연말정산

또한 외벌이 소득에서 맞벌이 소득이 되다 보니 연말정산에 대해 전략도 수정해야 하는데 지출 목록을 계획할 때 소득공제 중에서 최저사용금액이 정해지는 총급여액의 3% 이상 지출해야 하는 의료비 부분과 총급여액의 25% 이상 사용한 금액에 대해서 공제되는 신용카드 공제에 해당하는 부분은 소득이 낮은 배우자의 지출로 잡는 게 좋습니다.

우리나라의 소득세는 소득이 높을수록 높은 세율이 적용되는 누진세율을 적용하므로 부양가족 공제는 부부 중 근로소득금액이 높은 배우자 쪽으로 하는 게 더 유리합니다. 또한 고정지출은 소득이 좀 더 높은 배우자의 소득 범위 안에서 소비해야 합니다.

부부가 신혼이거나 아이가 어느 정도 자랐다고 해도 예외는 없습니다. 맞벌이를 하다가 배우자가 여러 가지 이유로 직장을 그만두었을 때 고정적으로 지출되는 주택대출상환금이나 생활비 등을 줄이지 못하면 가계에 빚이 발생합니다. 그렇기 때문에 고정지출은 좀 더 높은 배우자의 소득 범위 안에서 해결해야 합니다.

✔ 통장별 이름표 만들기

마지막으로 통장에 이름표를 붙여줍니다. 맞벌이 부부의 경우 자칫 서로에게 목적자금을 떠넘기는 일도 벌어집니다. 그렇기 때문에 통장에 반드시 자금의 목적과 기간을 정리하고 그에 따라 자금을 분배합니다. 운용기간이 1~3년 이내의 단기 목적자금이라면 수익성보다는 안정성을 제일 우선으로 염두에 두고, 확정형 예적금으로 운용하는 것이 좋습니다. 운용기간이 4년 이상이라면 국내와 해외로 나누어 시장을 넓게 보면서 현재의 투자환경 변화(금리 변동, 미·중 무역전쟁 등)에 대응해 준비하면 됩니다.

이렇듯 외벌이 부부든 맞벌이 부부든 소득에 따라, 지출 내용에 따라 고려해야 하는 것들이 다릅니다. 지금부터 다양한 사례를 보여주며 각자에게 맞는 재테크 방법을 찾아가려고 합니다. 재테크를 시작하는 데 늦은 때는 없습니다. 지금이라도 당장 자신의 소득과 지출을 파악해봅시다.

가로저축 vs. 세로저축

가로저축이란 결혼, 출산, 자녀교육, 주택마련, 노후자금 등의 여러 재무목표를 구체적으로 세우고 동시에 저축과 투자를 동시다발적으로 시작하는 방식을 말합니다. 재무설계 과정에서 생애주기별 목적자금을 고려해 바로 눈앞의 단기 목표와 미래의 중·장기 목표의 저축계획을 동시에 수립 후, 자금을 목적별로 분산해 동시에 준비하는 과정입니다.

즉 가로저축은 통장을 쪼개서 사용 목적에 맞게 기간을 정해 저축하는 방법입니다. 동시에 단기·중기·장기로 목적에 맞게 자금을 분산해서 저축하기 때문에 돈의 효율적인 관리가 가능합니다. 또한 목적에 따라서 장기적으로 자산을 운용할 시에는 저축보다 좀 더 공격적인 투자상품에 투자해 투자수익률을 얻을 수 있으며, 복리나 비과세 상품을 활용하면 세로저축에 비해서 이자를 더 많이 받을 수 있는 장점도 있습니다.

세로저축은 바로 다음 재무목표에 필요한 자금을 그때그때 모아 준비하는 방식입니다. 한 번에 하나의 목표를 준비하기에 어떠한 목적자금을 모을 때 집중해서 빨리 준비할 수 있다는 장점이 있습니다. 대신 단기간에 모으고 지출해야 하는 특징 때문에 원금손실의

• 가로저축과 세로저축의 비교

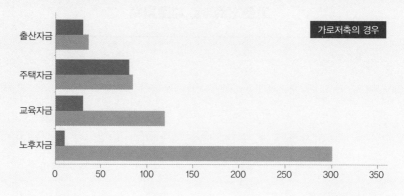

가로저축의 경우

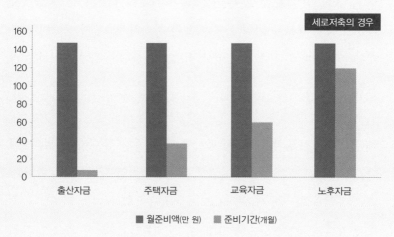

세로저축의 경우

■ 월준비액(만 원)   ■ 준비기간(개월)

위험이 있는 투자상품으로는 준비하기 어렵습니다. 우리가 아는 은행의 저축 또는 예금으로 준비해야 합니다.

보통은 여행, 결혼, 자동차 구입 등과 같은 목표를 두는 1인 가구가 많이 하는 방식입니다. 만약 여행자금을 세로저축 형태로 준비한다면, 적금이나 예금으로 기간을 정한 뒤 저축할 수 있는 모든 돈을 모아 저축을 해서 여행을 하고(그로 인해서 모은 돈을 다 지출하고), 다시 모아서 결혼하며 돈을 쓰고, 또다시 모으기 시작해서 주택을 사는 것이죠. 하지만 문제는 시간이 흐를수록 많은 돈이 들어가는 재무목표가 많다는 것입니다. 또 아이가 자라면서 가족의 지출 또한 높아지기에 이런 것들이 부담되어서 포기하는 경우가 발생할 수도 있습니다.

목적에 맞게 미리 준비를 할 수 있다는 게 가로저축의 최대 장점이지만, 무조건 가로저축만 하라는 건 어불성설입니다. 예를 들어 독립한 사회초년생의 가계부에서 월세로 인한 지출이 높다면 당장 모을 수 있는 돈을 최대한 빨리 모으고 전세자금대출을 활용해 월세에서 벗어나야 합니다. 목적에 따른 분배도 중요하지만 누수되는 돈 없이 건강하게 재정을 꾸려나가는 것이 더 중요합니다.

이렇듯 가로저축만으로 모든 걸 해결할 수는 없습니다. 목적에 맞게 단기·중기·장기자금을 분산해서 시간적 여유가 있는 목적자금은 안정성향의 저축상품과 수익성향이 짙은 투자상품을 김치 양념 버무리듯이 잘 섞어서 준비를 해야 합니다.

결론적으로 단기간에 돈을 빨리 모아야 하는 성격의 목적자금은 '세로저축'의 형태처럼 단기자금의 비중을 집중적으로 높여서 준비하면 됩니다. 또한 주택자금이나 노후자금 등 많은 시간이 걸리는 목적자금은 '가로저축'의 분배를 잘 활용하는 편이 좋습니다. 가로저축, 세로저축의 핵심은 현재의 '나'의 상황에 맞춰서 앞으로 다가올 재무목표 분배와 비율을 잘 조정하는 것입니다.

PART 02

혼자서도 잘해요

-

1인 가구의 재테크

190만 원의 비정규직,
누구도 당신을 얕보지 않아요

#30대 #비정규직 #내집마련 #공공임대주택

재무상담 전

[정기지출]

월세 (보증금 500만 원)	45만 원
관리비	5만 원
교통비	10만 원
생활비	25만 원
휴대폰	7만 원
TV·인터넷	2.5만 원
친구 및 잡비	20만 원
보장성 보험	10만 원

[비소비성지출]

주택청약저축	5만 원
저축	5만 원
자유저축 (친구 잘 안 만나는 달은 전부 저축)	55만 원

재무상담 후

[정기지출]

전세 이사 (월세 없음)	
관리비	5만 원
교통비	10만 원
생활비	25만 원
휴대폰	4.1만 원
TV·인터넷	2.5만 원
친구 및 잡비	20만 원
보장성 보험	7만 원

[비소비성지출]

금리연동형 상품	60만 원
실적배당형 상품	56만 원

혼자서도 잘해요 – 1인 가구의 재테크

정희 씨는 30살이 되던 해 1월 1일 스스로 다짐했습니다. "35살 전까지 내집을 갖자!"라고 말입니다. 딱히 어느 지역에 살지, 몇 평짜리를 생각하는지, 매매금액은 얼마를 예상하는지 구체적인 계획이 있는 것이 아니라 그냥 무작정 자신의 집을 갖는 게 목표입니다. 정희 씨는 인터넷에서 주택청약저축 가입이 필요하다는 말을 보고 은행에 가서 가입했습니다. 이거 가지곤 안 될 것 같아 10만 원, 20만 원 내집마련을 위한 적금통장도 개설했습니다.

지금 가지고 있는 돈을 어떻게든 더 많이 불려 5년 안에 집을 살 때는 되도록 부채 없이 내집마련을 해야겠다는 생각에 재테크를 하고 싶지만, 지금까지 살면서 은행 입금·출금밖에 해본적 없는 정희 씨는 재테크라는 단어가 생소하고 재테크를 하려니 막막하기만 합니다. 주변 지인들은 투자도 하는 것 같은데, 정희 씨는 혹여라도 사기를 당하거나 지금까지 애써서 모아온 돈을 날릴까 봐 오직 은행만 이용해왔습니다. 하지만 통장에 쌓여가는 이자는 정말 쥐꼬리만도 못합니다. "어떻게 돈을 굴리지?" "내집마련을 위해 뭘 준비해야 하지?" "투자를 하고 싶은데 어디에 해야 하지?" "5년 안에 투자해서 집을 살 수 있을까?"라는 의문이 들어 어렵게 재무상담의 문을 두드렸습니다.

정희 씨는 사회에 나온 첫날부터 저축을 시작했습니다. 저축만이 살 길이라고 생각했고, 저축밖에 할 수 있는 게 없었습니다. 그렇기 때문에 되도록 저축을 많이 하려고 노력했지만, 예쁜 액세서리와 옷, 맛집 등을 보면 가끔 이성을 잃고 마구 소비해버리다가 정신차리고는 후회했다고 합니다.

소비를 절제하다 보면 '내가 꼭 이러고 살아야 하나?' '이거 하나쯤 구매하는 건 괜찮겠지!' '오늘까지만 쓰고 다음 달부터는 아껴 써야지!'라는 생각이 들 때가 있습니다. 그럴 때 본인이 이루고자 하는 목표가 있느냐 없느냐에 따라 한계선을 넘길지 안 넘길지 결정됩니다.

구체적인 목표가 없는 정희 씨는 어떨까요? 매월 10일 월급날이 되면 정희 씨는 월세, 생활비, 휴대폰 요금 등 나갈 돈을 빼고 남은 금액을 저축합니다. 어떤 달은 100만 원, 어떤 달은 50만 원 등 들쭉날쭉합니다. 지금 그녀의 통장에는 자유저축액 5,800만 원, 두 달 전 가입한 주택청약저축 5만 원, 내집마련을 위한 저축 5만 원을 합해서 총 5,810만 원이 있습니다.

부자지수로 알아보는 정희 씨의 재무상태

부자지수란 개인의 나이, 자산, 부채, 소득, 지출의 상관관계를 통해 개인의 경제적 위치와 재정관리의 효율성을 진단하는 지수로, 향후 부자가 될 가능성을 지수화한 법칙입니다. 계산 방법은 다음과 같습니다.

─── 부자지수 = (순자산 × 10) / (나이 × 연 총소득)

　　순자산 = (총자산 – 부채)

　　연 총소득 = 연봉(기타 소득 포함)

간단하게 네이버에서 '부자지수 계산기'를 검색해 사용할 수 있습니다. 정희 씨의 부자지수를 계산하면 93%[(6,340만 원×10)/(30× 2,280만 원)]가 나옵니다. 일반적으로 50% 이하는 소득보다 지출이 많고 소득관리가 부족, 50~100% 사이는 평균 수준의 지출과 소득관리 노력 필요, 100~150%는 무난한 편으로 좋은 수준의 지출과 소득관리, 200% 이상이면 아주 훌륭하다고 나옵니다.

부자지수를 통해서 우리가 알 수 있는 것은 무엇일까요? 첫째, 부자지수는 '순자산액이 많아야 부자가 될 가능성이 높다'는 것입니다. 부자지수는 순자산액에 10을 곱한 값을 나이와 총소득으로 나누는 것입니다. 따라서 분자인 순자산액의 크기가 절대적으로 크면 부자지수가 높게 나옵니다. 순자산액은 총자산에서 부채를 뺀 것으로, 자산을 늘리되 부채를 줄이려는 노력을 하는 것이 순자산액을 증대시키는 방법입니다

둘째, 소득이 많은 것도 중요하지만 자신의 수준에 맞는 생활, 즉 지출을 좀 더 줄이고 저축을 할 수 있는 한 많이 하는 것이 더 중요하다는 것을 알 수 있습니다.

셋째, 나이는 적을수록 좋습니다. 순자산액도 같고 소득도 같다면, 나이가 적을수록 부자가 될 확률이 높습니다. 자산의 증가 속도는 시간과 정비례합니다. 지금 당장 순자산액을 늘리려는 노력, 부채의 적절한 통제와 재무관리 등을 하루라도 빨리 시작하는 것이 차후 부자가 될 가망성이 높아집니다.

부자지수가 절대적일 수는 없지만, 과거부터 지금까지의 생활과 지

출흐름을 대략적으로 읽을 수는 있습니다. 부모님 도움 없이 5천만 원의 자산을 모은 건 정희 씨가 정말 열심히 살았다는 증거입니다. 그러나 그렇게 돈을 아끼고 모으는 정희 씨의 지출흐름표에 한 가지 의아한 항목이 있습니다. 바로 월세입니다.

월세가 너무 많이 나갑니다. 왜 아깝게 월세를 내고 있나요? 서울이라는 도시의 월세가 워낙 비싼 것도 있지만, 정희 씨에게는 5천만 원이 넘는 목돈이 있습니다. 만약 돈을 모으는 과정에서 전세자금대출을 활용했더라면 지금쯤 정희 씨의 자산은 아주 많이 늘어났을 것입니다.

이를 지적하니 정희 씨는 아무 생각 없이 월세를 지출하고 있었다고 합니다. 통장에 잔고가 보여야 '잘 살고 있구나.'라고 생각했다고 하네요. 또 예전에 반지하에서 살 때 화장실과 욕실을 누가 자꾸 훔쳐보는 것 같아서 계속 원룸에 사는 것을 선호하고 있었다고 합니다.

종잣돈을 위한 금융상품, 주거안정을 위한 행복주택

절약에 절약을 하면서도 정희 씨의 저축 비율은 34%밖에 되지 않습니다. 미혼 여성으로서 많이 저축하고 있는 상황은 아니죠.

급여의 24%에 해당하는 월세 45만 원은 전세로 이사가면서 지출이 없어졌습니다. 우선 5천만 원의 전세로 이사 가서 월세를 없애버리고, 향후 정부의 행복주택을 활용하기로 약속했습니다. 먼저 월세 문제를 해결한 뒤, 정희 씨가 걱정하는 치안 문제를 정부의 정책을 이용해 해결하는 것입니다. 통신비 7만 원은 4만 1천 원 요금제로 변경하고, 보험료 계산 시 적립금 3만 원을 삭제했습니다.

이렇듯 생활비에 무리가 없는 선에서 놓치고 있는 부분을 조금 잡아주니 저축액은 상승해, 급여 대비 61%의 저축액을 달성할 수 있었습니다. 지출 줄이기로 총 50만 9천 원을 절약한 것입니다.

정희 씨는 단기적으로 비상자금, 중기적으로 주택마련자금, 장기적으로 노후 대비 종잣돈을 계획해야 합니다. 미혼 여성 기준으로 급여의 50% 이상을 비소비성지출인 저축이나 펀드로 꾸준히 돈을 모아야 하는데, 현재 정희 씨는 급여 대비 34%의 저축을 하고 있습니다. 또한 투자상품에 대한 큰 거부감은 없으나 해보지 않았기에 투자상품의 비율이 전무합니다. 우선 투자상품 중에 원금손실발생 위험이 낮은 상품부터 준비하도록 해야 합니다. 우선 새고 있는 부분을 다시 바로 잡아야 합니다.

정희 씨는 상담 후 비소비성지출자금으로 116만 원을 확보했습니다. 급여 대비 61%이며, 이렇게 생활하다가 반기 평가 후 2.5%씩 올릴 예정입니다. 이때 추천하는 상품은 다음과 같습니다.

금리연동형 상품 60만 원(저축액 대비 52%)	실적배당형 상품 56만 원(저축액 대비 48%)
1. 부분과세로 이자소득세 줄이는 데 중점 2. 상품 간의 연동으로 금리 우대	1. 비상자금 주력 2. 종잣돈 모으기 부족 부분 고려 3. 투자소득+배당소득 고려

✔ 금리연동형 대표 상품: 원금보장형 ELS

ELS(Equity Linked Securities, 주가연계증권)는 개별 주식의 가격이나 주

가지수에 연계되어 투자수익이 결정되는 유가증권입니다. 자산을 우량채권에 투자해 원금을 보존하고, 일부를 주가지수 옵션 등 금융파생상품에 투자해 고수익을 노리는 금융상품이죠. 즉 주가지수나 개별 주식의 변동폭에 따라 투자수익이 결정되는 유가증권입니다.

투자금의 70~90%를 국공채 같은 안정적인 채권에 투자해서 이자 등으로 원금을 보장하고, 나머지 옵션 등을 파생상품에 투자하는 방식입니다. 대부분을 채권 투자로 원금을 보장하고 나머지를 주가지수나 개별 종목에 투자하는 중수익·중위험 상품입니다. 어느 일정 기간까지 몇 % 아래로 안 떨어질 경우에 몇 %의 수익률을 보장하거나, 만기 이전에 한 번이라도 목표지수나 목표주가에 도달했다면 처음 약정했던 수익률을 보장해줍니다.

일반적으로 원금보장형, 원금부분보장형, 원금조건부보장형 등 세 가지로 구분되며, 국공채 등의 안전자산과 파생상품 등의 위험자산 투자 비율에 따라서 나누어집니다. 조건에 따라 수익을 주는 형태로 펀드와 차이점이 있으며 조건에 따른 수익률이 정해지고, 투자만기가 정해져 있다는 특징이 있습니다. 연장되거나 변경되지 않고, 상품에 따라 조기상환 옵션이 있는 경우도 있습니다. 자세한 내용은 109쪽을 참고해주세요.

✔ 실적배당형 대표 상품: 배당형 펀드

국내 주식형 펀드는 성장형, 가치형, 인덱스형, 배당형 등으로 분류되며, 이 중 안정적인 배당수익률을 추구할 수 있는 상품이 배당형 상품입니다. 배당이란 기업이 일정 기간 영업활동을 해서 벌어들인 이익을 회사 주주들에게 소유 지분에 따라 나눠주는 것입니다. 이러한 배당은 기업에서 책정한 배당금액을 한 주당 환산해 투자자 개개인이 기업의 주식을 보유하고 있는 만큼 배당금을 분배하며, 배당금에서 15.4%의 세금(배당소득세 14%, 지방소득세 1.4%)을 제합니다.

배당주 펀드는 배당수익률이 높은 종목들에 집중적으로 투자하는 펀드로, 주가가 상승하면 주식을 매도해 시세차익을 얻고 반대로 주가가 오르지 않으면 연말 배당 시점까지 주식을 가지고 있다가 배당금을 획득하는 매력적인 특징을 가진 상품입니다.

그럼 어떤 배당주 펀드에 투자해야 할까요? 첫째, 단기적인 성과를 낸 펀드보다 3년 이상의 중·장기적 누적수익률이 높은 펀드를 선택해야 합니다. 연간 배당금이 재투자되면서 얻는 수익이 만만치가 않기 때문입니다.

둘째, 펀드의 규모와 변동성을 확인해야 합니다. 펀드의 규모가 작으면 자금 이동의 영향을 많이 받습니다. 또한 중·장기적인 관점에서 투자를 해야 하기 때문에 변동성이 낮아야 합니다. (펀드평가 사이트를 통한 펀드의 수익률의 표준편차가 낮은 기업이 변동성이 적습니다.)

셋째, 배당성향이 높은 포트폴리오를 갖춘 펀드를 선택해야 합니다. 배당성향이 낮으면 결국 시세차익만 보게 됩니다.

넷째, 가치주 고배당 펀드에 투자해야 합니다. 장기적인 투자에 따른 배당수익이 배당주 펀드의 장점이기 때문에, 이왕이면 장기적인 관점에서 시장등락에 큰 영향을 받지 않고 안정하고 꾸준한 수익을 낼 수 있는 가치주 투자 비율이 높은 배당주 펀드에 투자해야 좋은 수익을 가져옵니다.

✔ 청년주택, 행복주택, 따복주택

역세권 2030 청년주택은 대학생, 사회초년생, 신혼부부를 위해 서울시에서 공공임대주택을 시세의 60~80%로 공급하는 사업입니다. 소위 말하는 지옥고(지하방·옥탑방·고시원)에 노출된 청년들의 주거안정이 목적입니다. 도봉구 쌍문동 288세대, 강남구 논현동 317세대와 293세대, 관악구 신림동 212세대, 광진구 구의동 74세대, 동작구 노량진 299세대 등 역세권 청년주택이 추가로 공급될 수 있도록 사업 계획을 세우고 있습니다.

행복주택은 철도 부지나 도심 유휴부지를 이용해 지어지는 공공임대주택입니다. 다양한 계층, 특히 대학생, 사회초년생, 신혼부부에게 주거복지 혜택을 주기 위해 학교나 직장 근처 대중교통이 편리한 곳에 지어진 데다 저렴하게 임대해줍니다. 편리한 주거생활을 위해 국공립 어린이집, 고용센터, 작은 도서관 등 다양한 편의시설도 같이 지어집니다. 계층별로 입주자격에서 차이가 있지만 대학생, 사회초년생, 신혼부부 80%, 취약계층 10%, 노인계층 10%의 공급 비율로 정해집니다.

따뜻하고 복된 하우스란 뜻의 따복주택(따복하우스)은 경기도형 행복주택으로, 경기도시공사와 민간기업이 참여해 공유지에 지어집니다. 임대보증금과 월세는 주변 시세의 60% 수준으로 저렴하고 보증금 이자 40% 지원 혜택도 있습니다. 신혼부부, 대학생, 사회초년생 등 주로 청년층들의 주거환경 개선과 주거비 부담을 줄이고자 경기도만의 차별화된 정책도 담아서 시행되며, 2020년까지 1만 호 이상 공급할 예정입니다. 전용면적 16~44m² 원룸형 또는 투룸형으로 작은 도서관 같은 다양한 지역 편의시설 외에 공유주택의 개념을 도입해서 공동주방, 공동거실, 공동세탁실을 이용할 수 있습니다.

전국 최초로 표준임대보증금 이자의 40%를 경기도가 지원하는데, 입주 후 1자녀 출산 시 60%, 2자녀 이상 출산 시 100%까지 지원된다고 하니, 경기도 지역의 신혼부부는 각 지역의 입주 신청 공고 현황을 관심을 갖고 알아보면 신혼 초기 들어가는 주거 비용에 대한 부담을 줄일 수 있습니다. 이렇듯 정부의 행복주택 정책은 주거 비용 문제 때문에 결혼을 늦추거나 포기하는 청년들이 늘어가는 것을 조금이나마 도우며 출산 장려까지 고려한 정책입니다.

분양과 임대공고 확인 및 신청하는 사이트

- LH한국토지주택공사(www.lh.or.kr)
- LH청약센터(apply.lh.or.k)
- SH서울주택도시공사(www.i-sh.co.kr)
- 마이홈포털(www.myhome.go.kr)
- 경기도시공사(www.gico.or.kr)

정희 씨는 부모님이 안 계십니다. 그렇다고 형제나 자매가 있는 것도 아닙니다. 이런 이유로 인생에 대한 조언도 들을 수 없고, 살갑게 챙겨주는 누군가를 기대하기 어렵습니다. 혼자 스스로 모든 걸 이뤄내야 하기에 앞으로의 미래가 걱정스럽습니다.

정희 씨는 혼자서 외롭지 않고 가난하지 않게 잘 살고 싶은 마음뿐입니다. 결혼에 대한 생각은 아예 없습니다. 결혼할 때 부모 없이 자란 것이 흠이 될까 봐 처음부터 결혼에 대한 생각은 접었다고 합니다. 첫 상담 때 정희 씨는 결혼에 대해 "남자들도 결혼할 여자가 정규직이면서 돈 많이 버는 여자 또는 돈 많은 집안의 여자를 원할 텐데요. 저처럼 비정규직이면서 부모님도 안 계시는데 좋아하겠어요?"라고 말했습니다.

안쓰럽고 짠하다는 생각에 더더욱 잘해주고 싶고, 응원해주고 싶습니다. 그리고 이 책에 자신의 이야기를 싣는 것을 허락해준 정희 씨에게 해주고 싶은 말이 있습니다. 알뜰한 정희 씨, 당신은 대한민국 최고의 신붓감입니다.

지출의 순서를 바꾸면
생각이 바뀝니다

#저축액0원 #지출줄이기 #통장쪼개기 #청년통장

재무상담 전

[정기지출]	
학자금대출	13만 원
자동차 할부	44만 원
월세 (공과금 포함)	40만 원
휴대폰 요금	10만 원
주유비	15만 원
데이트 비용	30만 원
생활비 및 용돈	70만 원
보험료	10만 원
화장품 (부업 비용)	50만 원
[비소비성지출]	
주택청약저축	10만 원

재무상담 후

[정기지출]	
자동차 할부	44만 원
월세 (공과금 포함)	40만 원
휴대폰 요금	5.2만 원
보험료	7.2만 원
주유 및 교통비	10만 원
데이트 비용과 용돈	40만 원
생활비 및 식비	30만 원
[비소비성지출]	
금리연동형 저축	50만 원
실적배당형 상품	40만 원
주택청약저축	10만 원
비상금 통장	13만 원

28세의 현재 씨는 취업 후 그동안 경제적 여유가 없어 하지 못했던 것들을 하나씩 해보기 시작했습니다. 첫 번째로 자동차를 할부로 구매했고, 두 번째로 부모님을 위해 해외여행에 보내드리고, 세 번째로 친구들과 클럽에서 신나게 놀았고, 네 번째로 그동안 갖고 싶었던 명품 시계도 구매했습니다.

현재 씨는 SNS에 사람들이 자랑하듯 올리는 사진들을 보고 늘 부러워했는데, 이젠 자신도 그들처럼 나름 무언갈 보여줄 수 있다는 생각에 그저 즐거웠다고 합니다. 아주 고가는 아니었지만 말이죠. 주말마다 여자친구와 소문난 맛집에서 예쁘게 사진을 한 장 찍어 올리기도 하고, 여기저기 여행을 다니면서 찍은 사진들도 올리고 하다 보니 어느 순간부터 분명 많게만 느꼈던 월급이 점점 더 부족하다는 생각이 들기 시작했습니다. 그러다 통장잔액을 보고 나서야 정신을 차려야겠다는 생각이 번쩍 들었던 것입니다.

이제 직장 2년 차지만, 지금까지 모아둔 돈은 주택청약통장에 있는 40만 원과 얼마 전 이사하면서 보증금 차액으로 발생한 550만 원이 전부입니다. 그의 소비 패턴을 보겠습니다. 매월 15일 월급 290만 원과 25일 글로벌화장품 판매회사에서 30만 원, 총 320만 원이 통장으로 들어옵니다. 월급이 들어옴과 동시에 대학 다닐 때 받았던 학자금 대출금이 빠지고, 자동차 할부금이 빠져나갑니다. 그다음으로 월세, 휴대폰 요금, 보험료, 부업을 위한 화장품 구입비 등 하나씩 자동이체로 빠지거나 지출하고 나면 남는 금액은 28만 원 정도입니다. 어찌된 일인지 그 28만 원도 월급이 들어오기 전 소리 소문 없이 사라지고 있어 의문입니다.

부모님에게서 독립한 현재 씨는 음식을 전부 사 먹습니다. 아침은 건너뛰고, 점심은 회사에서, 저녁은 친구들 또는 직장 선배들과 치맥, 삼겹살 같은 호프 한잔하면서 떼우기 일쑤입니다. 워낙 사람을 좋아해서 그런지 술자리가 잦은 편이고, 더불어 담배도 이틀에 한 갑 정도 피운다고 합니다.

이렇게 무절제한 소비생활을 하던 현재 씨가 정신 차려야겠다는 생각을 하게 된 이유는 여자친구의 부모님이 현재 씨를 보자고 하면서 부터입니다. 분명 만나면 부모님 이야기, 직장 이야기, 급여 이야기, 자산 이야기 등을 물어볼 게 뻔한데, 지금의 상태를 그대로 보여주기엔 민망하다고 합니다.

부업보다 지출을 줄이면서 소득 상승 효과 높이기

첫 번째, 무조건직인 부업은 오히려 독입니다. 현재 씨는 부업으로 네트워크 마케팅을 하고 있습니다. 지금의 급여와 지출로는 돈을 모을 수 없다고 판단해 소득을 높이는 방법을 선택한 것입니다. 화장품만 사면 현재 씨가 따로 시간을 들일 필요 없이 돈이 들어온다는 지인의 추천에 매월 저렇게 화장품을 사고 수입을 받습니다.

좋은 방법이 아닙니다. 현재 씨처럼 부업으로 화장품을 사고 또 다른 사람에게 판매를 해야 수입이 들어오는 방식은 전형적인 네트워크 마케팅입니다. 네트워크 마케팅이 옳다, 그르다의 문제가 아닙니다. 이제 입사 2년 차의 사원이 회사 근무시간에도 밖에서 통화하며 지인에게 영업을 하고 있는 현실에, 현재 씨 자기 자신도 잘 선택한 건지 의문을 품고 있었다고 합니다. 어렵게 취업문을 통과해 입사를 했는데, 오히려 자기계발은커녕 회사에서마저 미운털이 박히기 십상입니다. 또 30만 원을 벌고 50만 원을 지출하다니 숫자상으로 맞지도 않습니다. 돈을 더 버는 것도 중요하지만, 그보다 앞서 지출을 줄이는 게 소득 상승에 더 효과적인 방법입니다.

두 번째, 통장거래 내역서의 순서를 바꿔야 합니다. 지출 후 저축이 아니고, 선저축 후지출입니다. 이렇게 저축과 지출의 순서만 바꿔도 저축액은 늘어납니다.

세 번째, 명확한 목표를 세워야 합니다. 저는 현재 씨에게 가계 재무제표를 살펴보고 한번 줄여보라고 권했습니다. 그러나 하나도 못 줄였습니다. 한참을 머뭇거리다가 생활비(거의 식비와 의류, 미용 비용)와 용돈(데이트 비용을 제외한 담뱃값, 술값) 항목에서 "그럼 담배를 끊어볼까요?"라며 말을 했습니다. 좋은 생각이죠. 그런데 진짜 바로 끊을 수 있을까요?

현재 씨와 이야기해보니 모든 포인트가 지출에 맞춰져 있었습니다. 학교생활 때 하지 못했던 지출을 하면서 인스타에 올리는 게 당연한 주말의 일과가 되었고, 여자친구와 데이트한 흔적을 남겨야지 자기의 존재감을 느낀다고 합니다. 또한 이러한 생활을 하기 위해서는 자가용도 필수라며 우기기까지 합니다. 진짜 재무고민을 한 사람이 맞나 싶었습니다. 현재 씨의 재무 이벤트와 목표는 이렇게 흘러가야 합니다.

— 부채 상환하기: 학자금, 자동차 할부금

월세 벗어나기: 정부의 대출 제도를 활용해 월세 줄이기

결혼자금 모으기

현재 씨처럼 지금부터 제로베이스에서 시작해야 하는 청년들은 이제껏 꿈꿔온 생활을 누리려고 지출을 우선할 게 아니라, 독한 마음을 가지고 위와 같은 재무목표를 정하고, 비소비성지출인 저축을 하고, 그 저축을 또 투자하는 형태로 나가야 합니다.

자산의 규모도 물론 중요합니다. 하지만 딸 셋을 키우는 아빠의 입장에서 저라면 내 딸과 사귀는 사람의 현재 자산보단 어떻게 살고 있는지가 더 중요할 것 같습니다. 여자친구의 부모님께 인사를 미룰 수도 없고, 그렇다고 로또 복권을 사며 요행을 바랄 수도 없습니다. 현실적으로 어떻게 알뜰하게 살아갈지 보여주는 게 중요합니다. 그래서 식비 및 식료품 품목의 생활비는 16%, 나머지 정기지출 항목은 30%, 보험료는 3%, 그 나머지를 대출상환에 맞추어 저축을 해야 합니다. 하지만 현재 현재 씨는 저질러놓은 자동차의 할부금과 월세의 비율이 높습니다.

지출을 줄이고 정부의 저축 제도 이용하기

현재 씨는 부업으로 하던 네트워크 마케팅을 그만두고 회사에 집중하기로 했습니다. 그 덕에 화장품 구매 비용으로 나가던 50만 원을 절

약하게 되었습니다. 그다음 이사 전 살던 집의 보증금 차입액으로 학자금대출을 상환했습니다. 그 외 고정지출에서도 줄이기를 시도했습니다. 고정지출 중 상당한 비중을 차지하고 있는 것이 자동차 할부금과 월세입니다. 워낙 큰 금액의 고정지출이기에 지출 항목을 조금씩 다 줄이기로 했습니다. 결국 대중교통을 주로 이용하고 멀리 데이트 갈 때만 차량을 활용하기로 했습니다. 보험료는 기존 보험에서 100세에 돌려받는 적립금 2만 8천 원을 삭제했습니다.

이렇게 엄청난 줄이기를 성공한 현재 씨는 먼저 급여를 받으면 3개의 통장으로 나눠, 투자 통장에 100만 원, 비상금 통장에 13만 원, 정기지출 통장에 177만 원을 넣습니다. 투자 통장(비소비성지출 통장)에 넣은 돈은 금리연동형 저축 50만 원, 실적배당형 상품 40만 원, 청약저축 10만 원 등으로 활용됩니다. 이렇게 비상금 통장 이체 포함 급여 대비 저축률이 39%로 훌쩍 뛰었습니다.

이제 현재 씨는 재무목표를 위해 노력하기만 하면 됩니다. 현재 씨와 같은 청년을 위한 정부의 좋은 저축 제도가 있어 함께 알아보겠습니다. 서울시의 '희망두배 청년통장'과 경기도의 '일하는 청년통장'입니다.

✔ 희망두배 청년통장

먼저 서울시의 청년통장인 희망두배 청년통장에 대해서 알아봅시다. 서울시가 운영하는 희망두배 청년통장은 청년의 희망찬 미래 준비를 돕기 위해 주거·결혼·창업자금 마련 목적의 저축액을 서울시와 시민

후원금으로 지원합니다. 즉 저소득 청년을 위한 지원금이라고 생각하면 됩니다. 2년 또는 3년 동안 매달 일정금액(10만~15만 원)을 저축하면 시 예산과 후원금으로 저축액의 100%를 통장에 더 불입해줍니다.

지원대상은 공고일 기준 근로하고 있는 만 18세 이상 만 34세 이하의 서울시 거주 청년으로, 본인의 소득금액이 세전 월 220만 원 이하, 부양의무자(부모 및 배우자, 세대가 분리되어도 포함)의 소득인정액이 기준 중위소득 80% 이하라면 신청할 수 있습니다. 단, 학자금대출과 전세자금대출을 제외한 본인 부채가 5천만 원 이상인 경우나 기존 희망플러스통장, 꿈나래통장, 청년통장, 청년내일채움공제, 서울시 청년수당에 참가 중인 청년과 신용유의자는 신청할 수 없습니다.

✔ 일하는 청년통장

다음으로 경기도가 운영하는 일하는 청년통장에 대해서 알아봅시다. 일하는 청년통장도 위에서 말했던 서울시의 희망두배 청년통장과 거의 비슷한 과정으로 진행됩니다. 일하는 청년통장 가입자에게는 전용 계좌번호가 부여되고 해당 계좌로 매월 20일에 10만 원을 자동이체 해놓으면, 도에서 입금된 계좌에 한해 경기도지원금을 매월 17만 2천 원씩 적립합니다. 3년간 꾸준하게 입금하면 만기 시 1천만 원을 모을 수 있습니다.

경기도에 거주하는 만 18세 이상 만 34세 이하의 근로(상용직, 일용직 관계없이) 중인 청년으로, 가구소득인정액(근로소득+재산환산소득)이 중위소득의 100% 이하면 누구나 신청할 수 있습니다. 예를 들어서 평균 소득의 딱 중간인 1인 가구의 중위소득은 약 170만 원 정도입니다. 그러므로 1인 가구 같은 경우에는 월 소득이 170만 원 이하여야 지원대상에 해당합니다. 단, 소상공인, 사회적 경제조직 근로자, 개인회생 및 신용회복지원 대상자, 국가유공자(본인)는 가산점이 부여됩니다. 기준 중위소득(100% 기준)은 아래 표를 확인해주세요.

• 기준 중위소득(100% 기준)   (단위: 만 원)

구분	1인 가구	2인 가구	3인 가구	4인 가구	5인 가구	6인 가구	7인 가구
2019년	1,707,008	2,906,528	3,760,032	4,613,536	5,467,040	6,320,544	7,174,048
2020년	1,757,194	2,991,980	3,870,577	4,749,174	5,627,771	6,506,368	7,389,715

희망키움통장, 내일키움통장 수혜자, 불법향락업체·불법도박·불법사행업 종사자는 신청할 수 없으며, 임의해약을 막기 위해 경기복지재단명의(참가자명)로 통장이 개설됩니다.

신청은 일하는 청년통장 홈페이지(account.jobaba.net)에서 온라인으로 가능합니다. 자격요건을 갖췄더라도 신청시기를 놓치는 사람들이 많으니 유의하길 바랍니다.

보통 학교를 졸업 후 취업을 하게 되면 들어오는 급여에서 지출 항목을 먼저 생각합니다. 여기서 잠깐 관점을 바꿔봅시다. 저축도 엄연히 비소비성지출입니다. 이런 비소비성지출의 우선순위가 자신의 급여 통장 지출내역 맨 위에 자리하게 된다면, 좋은 저축 습관으로 이어집니다. 그 돈이 모이고 모이면 미래를 위한 종잣돈이 될 수 있습니다.

87년생 지훈 씨는
왜 투자에 실패했을까?

#310만 원 #한방투자대신 #재무목표별 #분산투자

재무상담 전	
[정기지출]	
부모님 용돈	30만 원
통신비	5.3만 원
유류비·교통비	21만 원
차량소모품	20만 원
데이트 비용	25만 원
보험(실비·운전자)	6만 원
이발비	5만 원
수영	9.5만 원
용돈	50만 원
가족계	3만 원
[비정기지출]	
명절·경조사비	100만 원
자동차 세금	부모님이 내주심
의류·신발	380만 원

재무상담 후	
[정기지출]	
부모님 용돈	30만 원
통신비	3.7만 원
유류비·교통비	21만 원
차량소모품	10만 원
데이트 비용	25만 원
보험(실비·운전자)	2.19만 원
이발비	5만 원
수영	9.5만 원
용돈	30만 원
가족계	3만 원
[비정기지출]	
명절·경조사비	100만 원
의류·신발	200만 원

[비소비성지출]	
적금	100만 원
청약통장	20만 원
적금	10만 원
예금	2천만 원
투자금액	900만 원

[비소비성지출]	
통신사 연계적금 (우대 4%)	20만 원
발행어음	20만 원
채권형 펀드	20만 원
달러 저축	30만 원
금 펀드	30만 원
개인연금	20만 원
주택청약통장	5만 원
저율과세 조합원저축	30만 원
달러 RP 및 달러 ETF(거치)	900만 원
예금(거치)	2천만 원
CMA	상여금

33세 지훈 씨는 따박따박 들어오는 고정적인 월급만으로 항상 부족하다고 생각합니다. 재테크 책들을 보면 고정적인 월급 외에 부가수입을 창출해 그 돈으로 용돈을 하라고 하던데, 작정하고 시작한 비트코인과 주식 투자로 결국 손실만 300만 원 봤습니다. 한 번에 훅하고 떨어져 바로 손실 난 건 아니고, 찔끔찔끔 가랑비에 젖듯 그렇게 몇 개월에 걸쳐 손실을 봤습니다. 지훈 씨는 진짜 수익이 날 것 같아서 투자했다는데 어찌 된 게 귀신같이 손실로 이어졌다고 합니다.

1차 투자로 1년 동안 모은 1,200만 원을 투자해 2개월 후 매도했을 때는 원금손실이 없었습니다. 하지만 2차 투자에서 300만 원 전액이 손실된 상태입니다. 투자 손실 때문에 술과 담배가 늘어 용돈도 50만 원까지 늘어났습니다. '투자 안 하고 그 돈으로 소고기를 사 먹었음 몇 인분은 먹었을 텐데…' '여행을 갔음 유럽을 한 번 이상은 가봤을 텐데…' 하는 생각에 속이 쓰리다 못해 무너집니다.

앞으로 '재테크' '투자'라는 단어들은 쳐다보지도 않을 것 같다고 합니다. 자신에게 너무 어렵고 맞지 않는다고 생각이 든다는데요. 앞으로 지훈 씨는 어떻게 월급을 꾸려가면 될까요?

투자 초보자의 섣부른 투자와 실패

직장 경력과 나이로 보면 지훈 씨는 사회초년생이 아닙니다. 그러나 생애를 전반적으로 봤을 때는 아직도 재테크의 초반 단계입니다. 이번 투자의 실패로 재테크에 있어서 평생 한 부분밖에 보지 못할 수도 있어 걱정됩니다. 지훈 씨가 투자에 실패한 이유는 무엇일까요?

투자로 수익을 내서 용돈을 만들어라? 지훈 씨는 최근 지출이 커져서 용돈으로 50만 원을 쓰고 있습니다. 그전에는 약 35만 원 정도 지출했다고 합니다. 이전 용돈 기준으로 1년이면 420만 원(35만 원×12개월)입니다. 지훈 씨가 투자에 사용한 비용은 300만 원. 즉, 투자로 용돈을 만들려면 300만 원을 투자해서 1년에 420만 원의 수익을 내야 합니다. 1년 안에 두 배가 넘는 투자수익을 내야 하는데, 과연 가능할까요?

주위에서 비트코인으로, 주식으로 대박 났다는 이야기를 쉽게 접하기에 이런 투자수익이 얼마나 높고 어려운 문제인지를 우리는 인지하지 못합니다. 이 투자수익을 쉽게 생각해봅시다. 은행에 300만 원을 1년간 예치했다고 가정하면, 은행의 이율이 무려 140%여야 420만 원의 이익이 생깁니다. 이마저도 비과세 상품이어야지 온전히 420만 원의 수익을 가져갈 수 있습니다.

지훈 씨만의 문제가 아닙니다. 많은 젊은이들이 투자에 실패하는 원인 중 첫 번째가 지나치게 높게 목표를 잡기 때문입니다. 300만 원을 통해서 용돈을 벌겠다고 생각하면 협소하게 보일 수 있지만, 구체적으로 수치적으로 접근하면 굉장히 높은 수익을 요구하고 있다는 것을 알 수 있습니다. 결국 높은 목표로 인해서 처음부터 투자위험이 너무 높은 상품에 투자하게 됩니다.

부담감이 적은, 위험을 줄일 수 있는 투자방법(예를 들어서 거치식이 아닌 적립식으로 해서 분할매수를 한다든지)으로 투자해야 합니다. 지나치게 높은 목표(투자수익률)를 세우는 게 아니라, 작은 목표를 세워서 중간중간 성취감을 느낄 수 있게 하는 편이 좋습니다. 또한 목표를 굉장히 구체적으로 잡아서 실현해나가야 합니다.

한 방을 노리고 투자하는 20~30대

많이 바뀌었다고 하지만, 우리나라는 아직도 금융선진국에 비해서 청소년 시기의 금융교육이 아주 부족합니다. 청소년 시기에 스스로 관심 있고 좋아하는 기업에 대해서 공부하거나 투자해보고 정부의 적극적인 지원을 통해서 많은 걸 경험해본 외국의 아이들과, 대학입시에 갇혀 국·영·수 중심의 입시교육에만 편중되었던 우리나라 아이들은 다를 수밖에 없습니다.

대학교에서도 '취업'이라는 큰 산을 넘기 위해 아르바이트하며 밤새 공부해야 합니다. 금융공부는 사치로 느껴집니다. 그렇게 어렵게 취업해서 돈을 벌면 끝인 줄 알았는데, 월급으로는 한 달에 100만 원 저축하기도 어렵습니다. "독립해서 월세도 내야 하고, 자동차도 사야 하고, 왜 이리 지출할 게 많은지…" 사회초년생의 푸념입니다.

그럼 답은 재테크일까요? 아무리 뛰어난 재테크를 해도 모으는 자금이 적으면 절대 큰돈이 될 수 없습니다. 현재 1~2%의 금리이자는 무시하고 1억 원을 모은다고 가정해봅시다. 매월 100만 원씩 저축하는 사람은 8년 3개월을 저축하면 1억 원을 만들 수 있지만, 30만 원씩 저축하는 사람은 무려 28년을 저축해야 가능합니다.

여기에 날마다 올라가는 물가도 고려해야 합니다. 우리가 투자하는 돈이 물가상승률 이상의 수익으로 돌아와야 하는데 은행의 이자는 바닥에서 지렁이 기어가듯 움직이지 않습니다. 또한 최근 몇 년간 미친 듯이 집값이 오르고 있습니다. 청년들이 고수익을 보장한다는 투자상품에 투자하는 이유입니다. 원금손실을 무릅쓰더라도 말이죠. 이런 문제를 해결하기 위해서는 구체적인 재무목표를 세워서 목표별 분산투자로 준비해야 합니다.

구체적 재무목표와 목표별 분산투자

지훈 씨의 전반적인 계획을 바탕으로 정확한 재무목표를 세워봅시다. 지훈 씨가 말하는 목표는 다음과 같습니다.

━━ 1순위 **결혼 비용** 부모님 지원 5천만 원+본인 저축 5천만 원+부족한 금액은 대출 예상

2순위 **1억 원** 결혼을 하든 안 하든 주택마련을 위한 종잣돈으로 생각함

3순위 **노후** 공적연금과 퇴직연금을 제외한 개인연금으로 월 70만 원씩 수령 목표

목표를 세운 다음 현재의 소비 패턴에서 목표를 이룰 수 있는지를 파악합니다.

목적 자금	예상 기간	현재 준비금액	예상 비용	3% 물가상승률 고려	필요 월저축액 (은행이율 2% 기준)
결혼 비용	4년	2,900만 원	5천만 원	5,199만 원	50만 원
주택마련 비용	8년	0원	1억 원	1억 812만 원	122만 원
노후	30년	0원	2억 5,200만 원	3억 3,769만 원	124만 원

지훈 씨의 상황에서 가로저축을 시도했을 경우 월 저축액은 300만 원입니다. 물론 공적연금을 생각해서 연금액을 반으로 줄인다고 해도 238만 원 이상의 월 저축액이 필요합니다. 현실적으로 현재 급여에서

불가능합니다.

그렇기 때문에 주택마련에서 어느 정도의 대출이 필요하고, 노후자금에서도 은퇴 후 소일거리라도 할 수 있게 자기계발을 통해 조금씩 준비해야 합니다. 또한 현재 금리가 높지 않기 때문에 우대금리, 특판 상품 등을 활용해서 준비하는 것도 중요하고, 좀 더 공격적인 상품을 통해서 수익률을 올릴 수 있는 부분도 고려해야 합니다.

물가상승률보다 실제 우리가 소비하고 있는 물가는 더 많이 오릅니다. 예상한 수치보다 더 많이 오른다면 준비금액 역시 더 많아져야 하지만 우리의 급여 안에서 지출하며 50만 원을 더 저축하기는 너무 어렵습니다. 이를 대비하려면 적절한 시간적 분배와 투자상품의 활용이 필요하며, 무엇보다 현재의 소비 목록을 점검한 후 더 줄일 수 있는 부분을 줄여야 합니다.

데이트를 하지 말라는 것이 아닙니다. 그러나 지훈 씨는 현재 의류와 신발에 지출하는 비용이 월 환산 31만 원, 용돈 50만 원, 데이트 비용 25만 원까지 도합 101만 원의 지출을 합니다. 어느 정도의 지출 예산안을 잡고 그 범위 내에서 지출하도록 해야 합니다. 또한 적립금과 기본보다 과한 보장의 보험료를 충분히 1만 원대로 줄일 수 있기에 수정이 필요합니다.

지훈 씨는 재무상담 후 목적이 더욱더 구체적이고 명확해졌기에 현재의 소비에서 좀 더 줄일 수 있는 목록을 함께 찾을 수 있었습니다. 구체적인 목표 없는 투자는 실패합니다. 지훈 씨의 목표를 응원합니다.

• 지훈 씨의 재무관리 시스템 •

CMA(수시) 현재: 500만 원의 상여금으로
현재의 비정기지출을 해결하고 남은 금액으로
안전투자자산으로 활용하기로 함

은행(10일)

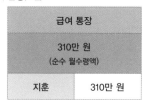

급여 통장	
310만 원 (순수 월수령액)	
지훈	310만 원

비정기지출 자금통장	연간지출 300만 원+@
명절·경조사비	100만 원
의류·미용	200만 원

은행, 증권사(10일)

비소비성 통장	
175만 원	
투자상품 중 적립식 비율	100%
적립식 펀드 및 화폐, 금, 채권에 분산투자	

은행(10일), 체크카드 사용

정기지출 통장	
134만 3,900원	
부모님 용돈	30만 원
통신비	3만 7천 원
유류비·교통비	21만 원
차량소모품	10만 원
데이트 비용	25만 원
보험 (실비·운전자)	2만 1,900원
이발비	비정기지출 의류비 합산
수영	9만 5천 원
용돈	30만 원
가족계	3만 원

1인 가구의 오피스텔 구입은
욕심일까요?

#월320만원 #소비습관 #저축비율 #오피스텔매매

재무상담 전	
[정기지출]	
월세	50만 원
관리비	7만 원
교통비	12만 원
통신료	11만 원
생활비 (식비·생활용품)	90만 원
친구모임	60만 원
부모님 용돈	30만 원
운동 (요가)	15만 원
실손보험	2만 원
경조사	5만 원
[비소비성지출]	
여행적금	10만 원
여행적금	10만 원

재무상담 후	
[정기지출]	
월세	50만 원
관리비	7만 원
교통비	12만 원
통신료	4.6만 원
생활비 (식비·생활용품)	50만 원
친구모임	20만 원
부모님 용돈	30만 원
운동 (주민센터 요가)	2만 원
실손보험	2만 원
경조사	5만 원
[비소비성지출]	
연금	10만 원
CMA(여행 목적)	20만 원

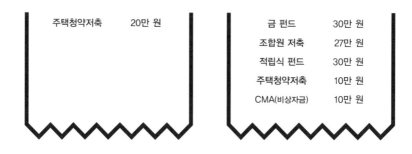

주택청약저축	20만 원

금 펀드	30만 원
조합원 저축	27만 원
적립식 펀드	30만 원
주택청약저축	10만 원
CMA(비상자금)	10만 원

27살이 된 수영 씨는 중견기업 3년 차로, 이젠 신입 때와 비교해 어느 정도 회사에 적응했고, 나름 업무도 잘한다고 인정받고 있습니다. 날이 포근해질 때면 왜 이렇게 사고 싶은 게 많아지는지 "봄은 여자의 계절이니까."라며 수영 씨는 자신의 소비를 합리화합니다. 회사 내에서 수영 씨의 별명은 '옷 잘 입는 멋쟁이 여우'로, 트렌드에 민감하고 유행을 따르는 편이며 예쁜 옷이나 구두, 액세서리를 그냥 지나치지 못한다고 합니다. 또한 1년에 두 번 정도 해외여행을 다니고, 맛집을 좋아합니다. 가끔 상사들이 "젊어서 돈을 얼른 모아야 나이 들어 편해요!"라며 조언하지만, 그닥 신경쓰지 않았습니다.

하지만 최근 수영 씨와 비슷한 연령의 직장동료가 자기 명의로 오피스텔을 구입하는 걸 보고 솔직히 부러우면서 배가 아팠다고 합니다. '나도 돈 모아서 사야겠다.'라는 생각에 저축을 시작하려 인터넷을 뒤지기 시작했지만, 아무리 뒤져도 1금융권의 이자율은 그닥 높은 편이 아니고, 2금융권은 거래하기에 좀 찜찜하다며 재무상담을 신청해왔습니다.

재무목표를 위해 소비 습관을 바꿔라

수영 씨의 급여는 월 320만 원으로, 상여금은 1년에 대략 400만 원 정도입니다. 재무상담을 시작할 때 본인의 저축현황, 투자현황, 소비지출현황을 적는 칸 중 소비지출현황 칸에 어떻게 써야 할지 몰라 무척 당황해하더라고요. 지금까지 한번도 가계부를 작성해본 적 없었던 수영 씨였기에 적잖이 충격이었다고 합니다.

현재 수영 씨의 통장잔액은 1,700만 원 정도로, 본인 명의 오피스텔을 구매하고 싶어 하지만 현실적으로 불가능합니다. 현재의 현금흐름상 매달 마이너스 2만 원의 생활을 하고 있기 때문입니다. 대출을 받아 오피스텔을 구매한다고 해도 현재 상황에서는 대출이자조차 못 내는 상황이 올 수도 있습니다. 물론 오피스텔을 구매하면 월세가 없어지고, 은행에 저금은 안 하면 그만이고, 대출 정책의 변화로 모자라는 돈은 부모님께 빌리면 된다고 생각할 수도 있습니다. 그러나 현재 과하게 소비하는 패턴부터 잡지 않으면 시간이 아무리 흘러도 절대로 넉넉한 삶을 살 수 없습니다.

자신은 아직도 월세에 살고 있는데, 옆 동료의 사정은 모르겠지만(대출을 몇 %나 했는지) 자신의 집이 있으니 당연히 부럽습니다. 월세로 빠져나가는 것보다 은행의 이자가 더 낫다고 생각할 수도 있습니다. (사회초년생들과 상담을 하다 보면 많은 이들이 나중에 오피스텔 가격이 아파트만큼 오른다고 거의 맹신하고 있는 경향이 있습니다.)

그러나 부러움만 가지고 모든 걸 해결할 수는 없습니다. 수영 씨는 당장 오피스텔을 사기보다 소비 습관부터 바꿔야 합니다. 그런 다음 앞으로 벌어질 재무 이벤트와 자신의 계획에 맞춰 구체적인 목표와 행동이 우선되어야 합니다.

그럼 어떻게 해야 할까요? 저는 우선 "용돈 안에서 지출을 해결하자."라고 이야기합니다. 요즘 청년들은 알아서 알뜰한 요금제로 휴대폰 요금을 잘 내고 있다고들 하지만, 실제로 재무상담을 하다 보면 아닌 경우가 많습니다. 수영 씨도 과거 최신 휴대폰을 부담 없이 교체할 수 있다는 이유로 가입했던 비싼 요금제를 그대로 쓰고 있어서 요금제를 변경했습니다.

생활비도 점검해봐야 합니다. 생활비의 큰 축인 식비는 따로 있고, 친구들과는 이틀에 한 번씩 만나고, 비싼 음식을 거의 매일 사 먹고 있습니다. 한 번뿐인 청춘을 즐기고 싶은 청년들의 마음도 충분히 이해합니다. 그러나 목표가 있다면 그 목표를 위해서 좀 더 유용하게 시간과 돈을 써야 합니다.

또한 잦은 친구모임으로 회사 근처에 비싸게 끊은 요가는 하지도 못합니다. 애초에 매일 운동하는 게 어렵다면, 하루 이틀이라도 운동하는 날을 정해서 하는 게 좋습니다. 이런 이유로 거주지에서 운영하는 주민프로그램에 접수해 운동비를 줄이고, 용돈을 따로 정해 친구들의 모임 비용은 용돈의 범위 내에서 해결하자고 마음먹었습니다.

이렇게 줄이기를 통해 137만 4천 원의 비소비성지출자금이 생겼습니다. 수영 씨의 자산을 어떻게 만들지 고민해야 하는 시점입니다.

높은 저축 비율을 유지하는 것이 중요합니다

현재 수영 씨의 자산형성 방식은 여행을 가기 위한 저축이고, 주위에서 하길래 목적 없이 그냥 하는 저축입니다. 다행히 학창시절에 장학금과 부모님에게 약간의 도움을 받아 학자금대출을 하지 않았다는 건 요즘 시대의 사회초년생으로서 엄청 축복을 받은 것입니다. 그런데 사회에 나와 목적도 없고 돈도 모으지 않다니 안타까울 뿐입니다.

우선 목적을 정하고, 그 목적에 따른 상품을 분배해야 합니다. 그런 면에서 공제 혜택은 분명히 있지만, 20만 원의 청약저축이 수영 씨의 다른 재무 계획과 앞으로의 주택 계획과 맞물려서 알맞은 금액인지 고민할 필요가 있습니다. 일단 비소비성지출 137만 4천 원과 여행적금 2개, 청약저축 금액 재조정을 거쳐 수영 씨와 합의하에 확정금리형 상품과 실적배당형 상품의 비율을 6:4로 조정했습니다. 왜 그렇게 조정했을까요? 수영 씨의 재무목표를 자세히 살펴보겠습니다.

━━ 1순위(단기 1~2년) **전세 이사** 확정금리형 상품 비중으로

2순위(단기 수시) **여행자금** 이자 산정방식이 다른 CMA

3순위(중기 이상 운용) **종잣돈 마련** 확정금리형, 실적배당형 혼영

4순위(장기) **노후** 실적배당형(시간 투자로 리스크 헤지)

수영 씨는 뚜렷한 결혼 계획이 없습니다. 그래서 결혼자금을 목표로 세우는 것보다는 종잣돈 마련을 통해 혹시 모를 변수를 대비하는 게

좋습니다. 또 수영 씨처럼 사회초년생이 벌써부터 무슨 연금이냐고 생각할 수도 있지만, 연금상품의 특성상 일찍 납입하고 오래 거치하는 게 더 많은 금액을 수령할 수 있습니다. 20대 때 10만 원의 연금불입액이 50대 때 50만 원의 연금불입액보다 더 많은 연금액을 수령합니다. 또한 요즘 연금들은 직장을 그만두거나 결혼으로 인한 소득의 변경 시 납입이 종료되는 유연한 형태의 상품들도 있습니다.

수영 씨는 오피스텔을 사고 싶다고 합니다. 그런데 오피스텔을 사려면 현재의 저축 비율보다는 더 높은 저축 비율을 유지해야 합니다. 조정 전 그녀의 급여 대비 저축 비율은 12.5%였고, 조정 후 42.8%로 높였습니다. 앞으로 지속적인 모니터링을 통해 1년 후 60~70%까지 높일 필요가 있습니다. 당연히 전세로 옮기는 것이 전제되어야 하죠.

좀 더 자세히 살펴보겠습니다. 수영 씨의 현재 자산은 월세 보증금(부모님 돈으로, 부모님의 노후나 수영 씨 결혼식 때 부모님이 지출할 비용으로 예상됨)과 통장잔고 1,700만 원이 전부입니다. 평수에 따라 다르지만 다니는 회사 인근의 오피스텔 매매가격은 2억 2천만~4억 원입니다. 현실적으로 대출이 아무리 많이 나와도 현재의 자산에서는 자가 구입이 불가능합니다. 그렇기에 현재의 순자산을 늘려야 하고, 그녀의 평소 생활비도 줄여야 합니다. 당연히 월세도 줄여야 합니다. 전세자금 대출을 받아서 전세로 이사를 가고, 월세와 전세의 이자 차이만큼 더 저축해야 합니다.

수영 씨의 꿈인 오피스텔을 사기 위해서는 지금 무조건 많이 모아야 합니다. 새어나가는 지출을 잡아서 비소비성지출인 저축이나 투자를 해야 합니다. 또 전세 이사 시 대출 비용을 줄여나가야 합니다.

오피스텔에 투자하고 싶다고요?

수영 씨가 원하는 오피스텔은 오피스와 호텔을 합친 형태의 건축물인데, 일을 하면서 거주도 할 수 있게 만든 집의 일종입니다. 이런 오피스텔의 바른 영어식 표현은 스튜디오 아파트먼트(Studio Apartment), 또는 줄여서 스튜디오(Studio)라고 합니다. 보통 스튜디오는 원룸을 포함한 1~2인용 소형 아파트를 통칭해서 부르는 말입니다.

건축법상 오피스텔이란 업무를 주로 하며, 분양하거나 임대하는 구획 중 일부 구획에서 숙식을 할 수 있도록 한 건축물로서, 국토교통부장관이 고시하는 기준(오피스텔 건축기준)에 적합한 것을 말합니다. 소규모 사무실을 내면서 같이 주거까지 해결할 목적으로, 또는 직장이나 학교에 출근, 통학을 하기 위해서 사취할 목적으로 많이 입주하고 있습니다.

이러한 목적이기에 오피스텔은 월세를 받기 위한 투자 수단으로 많이 활용됩니다(실제로 원룸과 하숙보다 오피스텔의 월세가 비쌈). 다만 건립할 수 있는 부지의 크기에 있어서 아파트에 비해 작은 땅으로 지을 수 있기 때문에, 공급이 수월하다 보니 분양가격이 크게 변하지 않아 시세차익은 기대하기가 어렵습니다. 그래서 오피스텔을 가지고 투자를 할 때 장기 보유로 이득을 보기보다는 대부분은 짧은 기간

오피스텔 구매의 장단점

1인 가구가 많고, 역세권인 오피스텔은 분명히 젊은 직장인들에게 매력적입니다. 가정을 이루고 아이를 출산해서 양육과 교육을 한다면 단점 또한 뚜렷합니다.

장점
- 교통 접근성: 역세권에 위치해서 이동에 용이
- 생활시설의 접근성: 보통 도심지의 역세권이고, 또래 입주자들이 많아서 생활·문화가 잘 형성
- 분양가: 비슷한 공동주거공간인 아파트보다 분양가 저렴
- 필수가전 옵션: 붙박이 가구, 냉난방 가전제품이 옵션으로 포함. 이사 비용 외 비용이 들지 않음

단점
- 주거환경 조성 불가능: 상업지구에 위치하여 도로소음 등 조용한 주거환경을 기대하기는 어려움
- 업무용 세금 적용: 물론 임대사업자 등록이나 주거용 오피스텔 등으로 세금을 좀 줄일 수 있지만, 기본적으로 생애최초 내집마련의 혜택이 적용되지 않음
- 작은 실 평수: 전용률이 낮기 때문에 평수 대비 면적이 좁음
- 생활만족지수 다운: 베란다 및 욕조 시설 설치 불가능

에 월세를 잘 받아서 원금에서 약간 이득을 본 다음에 다른 대안 투자처로 옮겨가는 경우가 많습니다.

1인 가구의 오피스텔 구입, 당연히 좋습니다. 스스로 감당할 수 있는 상황이라면요. 하지만 자신의 상황을 생각하지 않고 고집만 부려서 해결할 수 있는 일은 없습니다. 열정이 너무 과하면 집착, 아집과 욕심

으로 보일 수 있습니다. 열정만으로 모든 것을 해결할 수는 없습니다. 오피스텔이라는 목표가 생겼다면 목표를 향해 한 걸음 한 걸음 나아가는 것, 지금의 할 일은 그것뿐입니다.

목돈을 모아도
지출할 일이 생겨요

#월210만원 #마이너스소비 #신용카드 #선저축 #후지출

재무상담 전	
[정기지출]	
관리비·공과금	8만 원
식료품비·외식비	40만 원
월세	42만 원
보험료	18.7만 원
신용카드 할부	36만 원
통신비	6.5만 원
용돈	30만 원
생필품	5만 원
운동(피트니스)	6만 원
교통비	9만 원
[비정기지출]	
경조사비	5만 원
명절비	5만 원
미용비	3만 원

재무상담 후	
[정기지출]	
관리비·공과금	0원
식료품비·외식비	15만 원
부모님 용돈	30만 원
보험료	5.4만 원
신용카드 할부	0원
통신비	4.7만 원
용돈	15만 원
생필품	5만 원
운동(피트니스)	6만 원
교통비	15만 원
[비정기지출]	
경조사비	5만 원
명절비	5만 원
미용비	3만 원

휴가비	10만 원		휴가비	10만 원
의류비	10만 원		의류비	10만 원
[비소비성지출]			[비소비성지출]	
통장잔고	320만 원		발행어음	30만 원
			적립식 펀드	20만 원
			수협저축	30만 원
			이율 우대 특판 예금	1천만 원

28살 은지 씨는 입사 4년 차 직장인입니다. 돈을 모으려고 지출을 줄이면 꼭 큰일이 생기고, 또 다른 문제도 생기고, 자꾸 반복되면서 돈이 모이지 않는다고 합니다. 무엇이 문제인지, 어떻게 하면 현 상황을 벗어나서 돈을 모을 수 있을지 알고 싶어서 재무상담을 받아보고 싶다고 했습니다.

은지 씨는 처음 사회생활을 시작하면서 꽤 구체적인 재무목표를 세웠습니다. 입사 3년 차에는 전세자금을 모아 전셋집에 이사 가기, 입사 4~5년 차에는 작게나마 소형차를 구입하기라는 목표였습니다. 그러나 현재 모든 꿈을 접었습니다. 1~2년 동안 모은 돈은 아버지의 갑작스러운 디스크 치료비로 나갔고, 그 후 사내 연애를 하면서 데이트 비용, 여행 비용 등으로 지출이 많이 늘었기 때문입니다.

입사 5년 차가 되어가지만 현재 은지 씨에게 남은 건 통장잔고 320만 원과 보증금 1천만 원, 그리고 올여름까지 남자친구와 신나게 썼던 카드 할부금뿐입니다.

지출의 우선순서를 정해야 합니다

마이너스 24만 2천 원, 은지 씨의 현재 상황입니다. 청춘들의 재무 상담을 하면서 마이너스 가계부를 많이 봅니다. 보통 마이너스 현금 구조를 가진 청춘들은 크게 두 부류로 나눠집니다. 비트코인이나 다른 투자 등 손실을 봐서 메워야 하는 부류와 여행 등 지나친 카드 할부로 무너지는 부류입니다.

사실 젊기에 가고 싶은 곳도, 사고 싶은 것도 많은 게 당연합니다. 문제는 현재 하고 싶은 걸 하면서 자신의 미래를 위한 준비도 하고 있는지가 키포인트입니다. 결국 지출을 어느 정도 선에서 절제하면서 소비하느냐가 중요합니다. 아예 쓰지 않는 게 아니고 관점을 바꿔야 합니다. 즉 쓰는 건 쓰되 먼저 미래를 위한 저축을 하고, 남은 돈을 가지고 지출의 우선순서를 정하고 쓰라는 것입니다.

무엇을 줄이는가가 중요한 게 아닙니다. 보통 재무상담을 받는 사람들은 더 이상 줄일 수 없다고 이야기합니다. 저 또한 구두쇠도 아니고 쓸 때는 씁니다. 나름 멋도 부리고, 제 기준에서 가치 있는 일에 지출하고, 아이를 교육 및 양육하기 위해서 필요한 지출은 합니다. 그렇지만 그 외의 지출에 대해선 극도로 아낍니다. 또한 비슷한 소비 상황에서는 저렴한 걸 씁니다.

은지 씨는 지출이 많은 편입니다. 돈을 쓰지 말라는 게 아닙니다. 은지 씨 본인이 꼭 이루고자 하는 목표를 정해서, 그 목표를 이루기 위한 준비자금을 제외한 나머지에서 여유 있게 쓰라는 겁니다. 그리고 신용카드를 한번 사용하기 시작하면 절대 선저축 후지출의 형태로 돈을 모을 수가 없습니다. 회사에 들어가자마자 신용카드를 만드는 일이 많은 사회초년생들의 실수 중에 하나이니 주의해주세요.

W.I.S.E. 법칙으로 목돈 만들기

구체적인 목표를 세워봅시다. 그냥 남들이 내집마련을 하고 싶다고 해서 따라 하는 게 아니고, 꼭 이룰 수 있는 정말 자신이 이루고자 하는 목표를 시간에 구애받지 않고 한번 정리해봅시다. 은지 씨의 목표는 세 가지입니다. 첫째로 5천만 원 모아 전세로 이사 가기, 둘째는 종잣돈 1천만 원 만들기, 셋째는 40대 전 작은 카페 창업하기입니다. 이렇게 목표를 정리했고, 세 번째 목표인 카페 창업은 필수가 아니라고 하지만 첫 번째와 두 번째인 전세 이사와 종잣돈은 꼭 만들고 싶어 합니다.

첫 번째 재무목표 전세 이사를 위해서는 전세자금대출을 활용해야 합니다. 프레임을 바꿔봅시다. 하버드대학교의 경제학과에서는 첫 수업에 이 W.I.S.E. 법칙을 이야기한다고 합니다.

— W: 급여(Wave) 급여를 소중히 여겨라

I: 위험관리(Insurance) 살아가면서 언제 닥칠지 모를 위험에 대비하라(보험을 준비하라)

S: 저축(Saving) 재무목표에 맞추어 저축하라

E: 소비(Enjoy) 즐겨라

이 W.I.S.E. 법칙의 순서대로 월급을 받으면 위험관리를 위한 지출을 하고, 그다음 저축을 하고, 마지막에 지출을 하면 됩니다. 급여는 단기간에 쉽게 상승하기 어렵습니다. 이직이라든지 다른 소득이 생기지 않는 한, 시간이 흘러 연차가 쌓이고 승진을 해야지 급여가 큰 폭으로 상승하기에 급여를 함부로 소비해서는 안 됩니다. 그렇게 하기 위해서 계획적인 지출을 해야 하며, 그런 계획적인 지출은 재무목표를 정한 뒤 급여를 타면 소비 이전에 저축부터 해야 가능합니다.

주위에서 지나치게 보험을 권유하는 사람을 많이 봐서인지, 아니면 보험에 가입했다가 다른 지인의 부탁으로 해약하며 손해를 보는 일을 반복해서인지, 아니면 무리한 보험료를 내며 혜택을 받지 못하는 게 항상 아깝다고 생각해서인지, 대개 우리는 '보험'이라는 말에 반감을 느낍니다. 꼭 필요한 금융상품임에도 말입니다. 경제활동 중에 위험한 상황은 퇴직으로 인한 소득의 단절이겠지만, 갑작스러운 사고나 질병으로 계속 일을 할 수 없는 상황이 올 수도 있고, 그로 인한 병원비 부담으로 이루어놓은 자산이 다 무너질 수도 있습니다.

부양가족이 없다면 본인 혼자의 치료에만 집중하면 되지만, 가족이 있는 가장이라면 어떻게 될까요? 아이의 교육비, 주택대출이자 등 상상하기조차 끔찍합니다. 그렇기 때문에 만약에 대한 준비를 해야 하는데, 자신에게 맞는 보험료를 과하지 않게 산출해 준비하면 됩니다.

"투자를 왜 해야 하는지?"에 관해서 물어보는 경우는 있어도, "저축을 왜 해야 하는지?"에 대해 물어보는 사람은 거의 없었습니다. 그런데 "저축할 돈이 없다." "어떻게 현명하게 저축해야 하는지 모르겠다." 라는 말은 많이들 합니다.

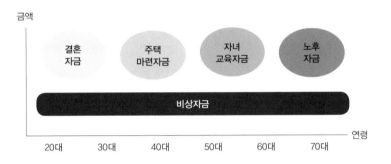

재무설계에서 기준을 삼는 '목적자금'이라는 게 있습니다. 대다수의 사람들이 살면서 겪는 상황들로, 비상자금, 결혼자금, 주택마련자금, 자녀교육자금, 노후자금 등입니다. 빠듯한 급여로 생활하는 보통의 사람들이기에 이 모든 걸 저축만으로 준비할 수는 없습니다. 올라가는 물가보다 낮은 현재의 저축이자율로는 불가능합니다. 포트폴리오를 구성하는 게 현실적으로 바람직합니다.

이렇게 재무목표에 맞추어 저축한 후 이제는 생활비를 포함한 지출 및 소비를 해야 합니다. 선저축을 하고 지출하게 되면, 지출금액이 정해져 있기에 초기 한두 달(길게는 6개월) 정도는 답답함을 느낄 수 있습니다. 하지만 소비 패턴이 자리 잡히면 그 안에서도 나름 즐기며 소비할 수 있습니다.

어떤 사람들은 소비를 줄이는 재무설계를 누구나 할 수 있다고 말하지만, 실제로 소비를 줄이기는 정말 힘듭니다. 그래서 선저축을 하는 게 가장 현명한 방법이며, 이런 계획하에 지출을 할 때 불필요하게 지출한 항목들이 하나둘씩 보이기 시작할 겁니다. 생활하면서 그런 불필요한 지출들을 줄이게 되고, 이 금액이 비상예비자금으로 흘러가는 게 가장 바람직한 모습입니다.

시점에 맞춰 구체적으로 저축액을 정합니다

은지 씨는 현재 남자친구가 없지만, 결혼이라는 돌발변수가 생길 수도 있습니다. 전세자금 등이 결혼 비용으로 쓰일 수도 있지만, 은지 씨의 목표 대비 저축액으로는 월 최소 169만 원이 필요합니다.

재무 목표	시점	목표 금액	상승률	필요 금액	기대 수익률	필요 일시금	필요월 저축액
전세 이사	4년 후	5천만 원	3%	5,628만 원	2%	5,199만 원	113만 원
종잣돈	4년 후	1천만 원	3%	1,126만 원	2%	1,040만 원	23만 원
카페 창업	18년 후	5천만 원	3%	8,512만 원	2%	5,960만 원	33만 원

아직은 불확실한 세 번째 목표인 카페 창업을 빼더라도 매월 136만 원의 저축액이 필요합니다. 아니, 매월 136만 원의 저축을 무조건 해

야 합니다. 하지만 은지 씨의 현재 소비 패턴을 한번에 바꿀 수 없다고 판단해서, 136만 원의 약 60%인 80만 원부터 저축하고 나머지를 지출하자고 정했습니다.

목표달성을 위해서 줄일 수 있는 만큼 줄여봅시다. 부모님에게서의 독립은 중요합니다. 그런데 미래를 위해서 준비 하나 하지 못하는 현재의 현실을 과연 부모님이 좋아하실까요? 회사와 가깝다는 이유로 50만 원 가까이 나가는 월세 지출이 너무 아깝습니다. 요즘은 광역버스망과 지하철이 잘 정비되어 있어서 부모님 집에서 회사까지 50분 안에 도착할 수 있습니다. 미래를 위해서 줄여야 합니다.

은지 씨는 이사를 가려고 부동산에 집을 내놨으며, 프레임을 바꿔서 저축부터 해야겠다고 생각하니 지출을 줄일 수 있는 방법이 눈에 보였다고 합니다. 월세 보증금으로 1천만 원 종잣돈 만들기는 조기에 달성했으며, 이 돈은 은행의 특판상품 우대이율을 받아 예금으로 묶어두고 4년 후에 신정한 독립을 할 때 전세자금에 보태기로 했습니다.

기존 보험에서 적립금과 쓸데없는 특약들을 다 삭제한 후 실손의료비와 암·뇌·심장 진단비, 수술비만 가져가는 형태의 보험으로 재수정했습니다. 보험료를 줄였으며, 감액환급금으로 신용카드의 할부금을 다 갚아서 신용카드의 지출을 줄였고, 남은 156만 원을 비상자금으로 CMA에 불입했습니다.

마이너스 24만 원에서 선저축 80만 원으로

수원의 부모님 집으로 들어가면서 주택에 관련된 비용이 일체 나가지 않는 대신에 그동안 드리지 않은 부모님의 용돈을 드리게 되었습니다. 집이 회사에서 멀어진 만큼 교통비 지출의 예산을 좀 더 잡았습니다. 운동은 회사 앞에서 하는 것이라 당분간 계속하다가 다음 모니터링 때 생각해보기로 했으며, 용돈과 외식비를 정해서 규모 안에서 지출하기로 결정했습니다.

보증금 1천만 원으로 종잣돈이 해결되어도 은지 씨는 매월 146만 원씩 준비해야 합니다. 물론 장기 목표인 카페 창업을 위해 좀 더 공격적인 투자를 했을 경우에 매월 준비액은 줄어듭니다. 처음부터 준비 금액을 모두 준비하고 싶지만 반기 모니터링마다 조금씩 수정하기로 하고, 지금은 선저축 80만 원부터 하기로 했습니다.

관점을 어디에 두느냐에 따라서 모든 게 달라집니다. 사고 싶고, 가고 싶고, 쓰고 싶은 게 많은 청춘입니다. 아예 하지 말라는 게 아니고 순서를 바꾸자는 것입니다. 지출부터 하고 저축을 하는 게 아닌 저축부터 하고 지출을 하는 방법으로 말입니다. 남을 부러워하지 말고, 자신의 미래라는 큰 목표를 두고 답을 찾아봅시다. 지금 조금 불편하더라도 말입니다.

대출을 받아 빌라를 사서 이사하는 게
전세보다 낫지 않을까요?

#월255만원 #CI보험 #주택마련자금 #중소기업대출 #청년대출

재무상담 전	
[정기지출]	
월세·관리비	57만 원
전기·가스	3만 원
식비·외식비	43만 원
교통비	10만 원
통신비	8만 원
생활비	15만 원
용돈 (미용실 비용 포함)	35만 원
CI종신보험	22만 원
종신형 실비보험	4만 원
종신형 저축보험	18만 원
[비정기지출]	
경조사비	10만 원
[비소비성지출]	
자유저축	40만 원

재무상담 후	
[정기지출]	
관리비·공과금	6만 원
전세자금대출이자	14만 원
식비·외식비	43만 원
교통비	10만 원
통신비	4만 원
생활비	15만 원
용돈 (미용실 비용 포함)	35만 원
건강보험	8만 원
실손보험	1.2만 원
[비정기지출]	
경조사비	10만 원
[비소비성지출]	
온라인 저축	50만 원
금 펀드	30만 원

"3,500만 원의 자금으로 주택을 구입할 수 있을까요?" 직장생활을 한 지 5년이 갓 넘은 29세 민정 씨는 직업도 안정적이고, 소득도 적은 편이 아닙니다. 현재 자산은 살고 있는 월셋집 보증금 1천만 원과 은행에 거치되어 있는 3,500만 원(결혼자금)을 포함한 총 4,500만 원으로, 대출을 껴 신축 빌라를 사고 싶어 합니다.

이제는 언제인지도 모르겠습니다. 3포 세대, 5포 세대라는 말이 나오기 시작해서, 포기할 것이 셀 수도 없이 많은 세대라 해서 N포 세대라는 신조어까지 나온 게 말입니다. 인정하기 싫지만 현시대를 살아가는 모든 이들의 삶을 가장 적나라하게 보여주는 말이 아닐까 싶습니다. 계속되는 경제활동에도 불구하고 항상 재무적으로 어려운 환경에서 살게 되는 사람들에게 가장 필요한 것은 자신에게 맞는 재무진단과 재무목표, 그리고 그에 따른 실천 솔루션이 아닐까요?

재무설계, 재무상황을 바꿔줄 열쇠!

경제활동을 하는 대부분의 사람들이 입버릇처럼 투덜거리는 말 중에 하나가 "왜 나는 계속 돈을 벌고 있는데, 항상 돈이 없냐?"라는 것입니다. 급여 통장은 월급이 지나가는 통로로 사용될 뿐, 다음 달 급여를 받기 전까지 0원에 가깝게 머물고 맙니다. 게다가 적금을 들어도 만기가 되기 전에 깨기가 일쑤죠.

인터넷에서 정보를 찾아 돈을 모아보려고 해도 너무 많은 정보 속에서 무엇을 해야 하는지 모르겠습니다. 혼자서 쉽게 할 수 있다고 하는 통장 쪼개기조차 얼마만큼을 어떻게 실천해야 하는지 감이 오지 않는 경우가 허다합니다. 이런 상황에 우리는 사고 싶은 것도 많고 하고 싶은 것도 많고, 나이가 들수록 현실로 다가오는 결혼, 독립, 주택마련 등 여러 자금들에 대해서도 생각하지 않을 수가 없습니다.

민정 씨는 최근 들어 재무설계와 재테크에 관심을 가지게 되었고, 점심시간을 활용한 도시락브리핑 강의를 듣고 나서 현재의 현금흐름표를 만들어보았습니다. 당시 상담할 때 월세가 많이 나가기 때문에 대출로 빌라를 매매해 대출상환하는 게 월세를 내는 것보다 유리하다는 말을 들었습니다. 그 후로도 민정 씨는 계속 주택을 보다가 최근 1억 8천만 원에 분양하는 신축 빌라를 보고 구입 직전 재무 상담을 하게 되었습니다.

재무설계를 받은 민정 씨의 가계부를 살펴보았습니다. 급여 실수령액은 255만 원이며, 정기적으로 지출되는 항목이 적지 않은 편입니다. 줄이라는 말은 쉽지만 실천하는 사람 입장에서는 한번에 줄이는 게 쉽지 않습니다. 1년 동안 조금씩 개선 후 본격적으로 줄이기를 시도하는 게 가장 좋은 방법입니다. 민정 씨의 경우 크게 누수되는 월세와 통신비, 보험료의 조정으로 저축, 투자 비율을 높일 수 있습니다.

✔ CI종신보험 vs. 미혼에게 필요한 보험

CI종신보험은 중대한 질병에 걸렸을 때 주계약의 사망보험금에서 보험사가 약정한 요율(보통 50%, 70%, 80%)을 선지급해주는 상품입니다. 여기서 말하는 중대한 질병이라는 것은 중대한 암, 중대한 뇌졸중, 중대한 급성심근경색, 말기신부전, 말기간질환, 말기폐질환에 대한 것들입니다.

보통 우리가 흔히 알고 있는 암일 경우에는 기타 소액암을 제외하고 초기 암부터 CI보험금을 수령할 수 있지만, 중대한 뇌졸중은 영구적인 신경학적 결손(언어장애·운동실조·마비)이 되어야 CI진단금을 지급합니다. 신경계 장해로 일상생활의 기본 동작에 제한을 남길 때 지급률 25% 이상의 장해가 되며, 말기간질환은 영구적인 황달, 복수, 간성뇌병증 이렇게 세 가지가 충족되어야 인정을 하기 때문에 세 가지 중 하나라도 없다면 CI진단금을 보장받을 수 없습니다. 물론 부가특약을 삽입해서 각종 치료, 수술, 입원 혜택을 받을 수 있습니다. 하지만 기본적인 보험의 주계약은 한마디로 말해서 암을 제외한 생사의 갈림길에 서 있는 중대한 질병에 걸렸을 때 사망보험금의 일부를 미리 받을 수 있는 보험입니다.

민정 씨의 경우에는 사회초년생은 아니지만, 부양가족이 없는 싱글의 젊은 여성입니다. CI종신보험은 성격에 맞지 않습니다. 차라리 실제 병원비의 90%나 80%를 지급해주는 1만 원대의 실손의료비 보험이 더 적합합니다.

✔ 전세로 이사 후 빌라 자가 매입

먼저 동네의 환경은 좀 바뀌었지만, 1억 1천만 원의 전셋집으로 옮겼습니다. 버팀목대출(만 25세 이상 단독 세대주)로 7천만 원을 대출받았는데, 주거안정 성실납부로 0.2% 추가금리 혜택을 받아 2.4% 금리가 적용되어 매월 이자 14만 원이 발생했습니다. 관리비 3만 원을 합하면 월세로 살 때보다 40만 원을 절약할 수 있었습니다.

민정 씨는 빌라를 매입하려고 합니다. 1억 8천만 원의 빌라 분양사에 가서 현재 가용할 수 있는 금액이 총 4,500만 원이라고 하니까 충분히 가능하다고 합니다. 지방 협동조합의 대출상품을 활용하면 1억 8천만 원의 70%인 1억 2,600만 원의 자금 대출이 가능하고, 신용대출인 마이너스통장으로 3천만 원까지 대출이 가능해 총 1억 5,600만 원의 대출로 충분히 집을 살 수 있다고 합니다. 또한 처음에는 4.0%의 대출금리로 매월 52만 원씩 이자가 나가지만, 나중에는 각종 우대금리를 통해서 10만 원대의 이자가 나간다고 합니다. 그리고 집값의 상승은 덤이라고 말했다고 합니다.

이 말이 사실일까요? 한번 재무계산기로 계산해봅시다. (앱을 사용하면 쉽게 계산할 수 있습니다.) 다음의 자료를 참고해주세요. 첫째, 처음에 52만 원씩 이자가 나가지만 원금은 왜 계산하지 않는 걸까요? 정확히 74만 원씩 나가기 때문에 현재의 월세 지출보다 오히려 20만 원이 더 나갑니다. 두 번째, 나중에는 10만 원대의 이자가 나간다는 말은 무엇일까요? 차후 금리가 변동되겠지만 현재의 금리로 비교했을 때 정확히 268개월 차부터입니다. 22년이 지나서부터죠. 세 번째, 집값의 상

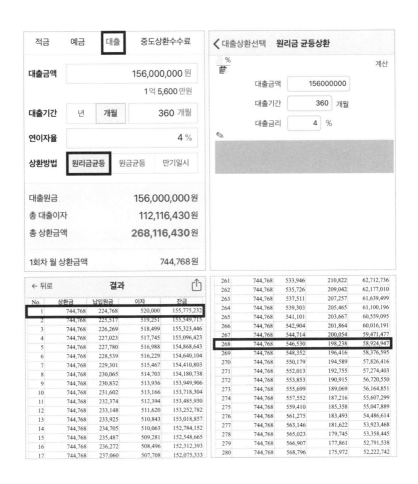

승은 덤이라고 했습니다. 정확히 예측할 수 없는 부분입니다. 그러나 주택을 사면서 나가는 이자 비용만 1억 2,200만 원입니다. 총 대출 비용의 78%를 이자로 더 내게 되는 셈이죠. 네 번째, 각종 세금은 어떨까요? 재산세, 국민연금, 의료보험 상승, 청약으로 인한 분양 기회와 가장 큰 변수인 결혼이라는 것도 있습니다.

주택구입자금을 설계할 때 고려해야 할 것

우리나라에서 내집마련은 단순한 주거 목적이라기보다는 재테크의 가장 확실한 수단으로 자리를 잡았습니다. 줄이기에 줄이기를 더해서 아무리 높은 저축률로 돈을 모은다 해도 부동산 투자에서 얻는 수익을 비교해보면 때로는 허탈감이 일어날 수 있습니다.

현재 우리나라에는 여러 임대 제도들이 잘 마련되어 있습니다. 또한 요즘 웬만한 신도시 계획에는 임대주택들이 다 포함되어 있기에 접근성에서도 용이합니다. 그렇다고 민정 씨에게 이러한 임대 제도를 이용하라는 것은 아닙니다. 민정 씨처럼 재테크의 목적도 강하다면 무조건 주택 구입을 말리기보다는 합리적인 계획을 통해 주택을 구매할 수 있도록 방향성을 잡아줘야 합니다.

첫 번째, 주변의 편의시설과 주거환경, 출퇴근 교통수단 등을 고려해서 거주할 지역과 평수를 먼저 정해야 합니다.

두 번째, 아파트, 빌라, 오피스텔 등 주택의 형대를 정해야 하는데, 가족 구성원의 변화와 향후 미래투자가치, 준비자금 등을 고려해서 정해야 합니다. 민정 씨가 알아본 빌라의 경우 내집이라는 마음속의 안정감으로는 훌륭하지만, 요즘 전국의 지가가 많이 올라서 빌라의 가격이 만만치가 않습니다. 재개발이 예상되는 지역에 경매로 좀 더 저렴하게 구입하지 않고, 그냥 '대출을 많이 받을 수 있어서' '초기자금이 적게 들어서' 구입한다는 건 절대 '반대'입니다.

세 번째, 자금 계획을 세우면 됩니다. 이런 자금 계획을 세울 때는 주택을 구입할 시기에 주택의 예상가격을 정해놓고(보통 주택의 가격은 물가상승률에 따라 올라가기 때문에 물가상승률을 감안해서 예측) 현재의 필요자금과 미래에 조달할 수 있는 자금의 여력(모든 현금자산의 합)을 계산해야 합니다.

이렇게 계산을 먼저 하고 부족분을 어떻게 할 것인지에 대한 계획을 세웁니다. 자신의 소비 패턴을 분석해서 좀 더 줄일 수 있는 부분을 줄여서 주택준비자금에 보태고 부족분은 대출을 활용해야 하는데, 대출은 부채, 부채는 곧 빚입니다. 그렇기 때문에 올바른 대출 활용법을 알아야 합니다. 대출도 잘 활용하면 이득을 가져올 수 있기에 잘 활용해야 하는데, 보통 주택 가격의 40% 이하로 예산안을 잡는 게 유리합니다.

3포, 5포, N포… 포기하기에 '청춘'이라는 게 좋지 아니한가요? 지금의 힘듦이 미래의 자신에게는 가장 큰 인내라는 무기가 될 것입니다.

중소기업취업청년 전월세보증금대출

2020년 2월 기준 중견·중소기업에 다니는 젊은 청춘들의 전세자
금대출로는 중소기업취업청년 전월세보증금대출을 적극 추천합니다.

자격 조건

대출신청일 현재 대출대상주택을 임차하고자 임차보증금 2억 원 이
하의 주택임대차계약을 체결하고 임차보증금의 5% 이상을 지불한 자

1. 대출신청일 현재 민법상 성년인 세대주 또는 예비세대주

2. 대출신청일 현재 세대주로서 세대주를 포함한 세대원 전원이 무주택인 자

3. 대출신청인과 배우자의 합산 총소득이 5천만 원 이하인 자(외벌이 가구 또는 단
   독세대주일 경우 3,500만 원 이하), 순자산가액 2억 8,800만 원 이하 무주택지, 근
   로소득의 경우 1개월 이상 재직해 온전한 한 달 치 이상의 소득이 존재해야 함

4. 대출신청일 기준 중소·중견기업에 재직 중인 자 또는 중소기업진흥공단, 신용
   보증기금 및 기술보증기금의 보증 또는 창업자금 지원을 받은 자 중 만 34세(병
   역의무를 이행한 경우 복무기간에 비례해 자격기간 연장) 이하인 자

대상주택

임차 전용면적 85m² 이하 주택(85m² 이하 주거용 오피스텔 포함)

대출 한도

대출금액은 임대보증금 100% 이내에서 1억 원을 초과할 수 없음

(단, 한국주택금융공사 보증의 경우 임차보증금의 80% 이내에서 1억 원을

초과할 수 없음)

대출기간 및 상환방법

- 대출기간: 2년(4회 연장하여 최장 10년 가능)
- 상환방법: 만기일시상환

대출담보(보증에 따라서 전세보증금 100% 대출 가능)

- 주택도시보증공사: 전세금안심대출보증서 담보(임차보증금의 100%
  보증) 임대인이 법인(LH 등 공공임대사업자 제외)인 경우, 전세금안
  심대출보증서 담보로 대출 취급 불가
- 한국주택금융공사: 일반전세자금보증서 담보(임차보증금의 80% 보증)

대출금리

- 연 1.2%(고정금리)
- 대출기간 4년 이후부터는 일반 버팀목전세자금대출금리 적용, 중
  도상환 수수료는 없음

자료: 한국주택금융공사(www.hf.go.kr)

청년맞춤형 전월세 제도

전세 제도

- 연 소득 7천만 원 이하의 만 19~34세 이하의 무주택 청년 가구(배우자 또는 결혼예정자 포함 기준)
- 최대 7천만 원 한도, 전세금의 90%까지 대출이 가능하며 전세 계약기간에 따라서 2년 또는 3년 단위로 설정
- 대출기간은 1년 이상 2년 이내로 만 34세 이하까지 제한 없이 기한 연장이 가능하며, 중도상환 시 중도상환 수수료 없음
- 2.8% 내외의 평균 금리

월세 제도

- 연 소득 7천만 원 이하의 만 19~34세 이하의 무주택 청년 가구
- 2년간 총 1,200만 원, 월간 50만 원씩 은행이 매월 또는 6개월 단위로 임대인에게 월세자금을 지급(월세 비용을 직접 지원해주는 제도지만 보증금과 월세자금을 동시에 지원받을 수 있음, 단, 보증금을 지원받았을 경우 월세 한도는 600만 원으로 제한)
- 최대 8년 거치 후 3년 또는 5년 분할상환 가능하며, 중도상환 시 중도상환 수수료 없음
- 2.6% 내외의 평균 금리

자료: 한국주택금융공사(www.hf.go.kr)

엄마처럼 연금을 받으며
살고 싶어요

#월309만원 #노후연금 #아파트구입 #보험리모델링

재무상담 전	
[정기지출]	
관리비	13만 원
교통비 (유류비·보험 20만 원 포함)	27만 원
통신비·TV·인터넷	10만 원
보험료	22.5만 원
생활비(식비·문화 생활비·생필품)	45만 원
용돈	30만 원
점심값	20만 원
엄마 용돈	20만 원
커피값	25만 원
운동	10만 원
[비정기지출]	
의류·미용비	50만 원

재무상담 후	
[정기지출]	
관리비	13만 원
교통비 (유류비·보험 20만 원 포함)	27만 원
통신비·TV·인터넷	6.2만 원
보험료	14.5만 원
생활비(식비·문화 생활비·생필품)	35만 원
용돈 (점심값 포함)	35만 원
엄마 용돈	20만 원
커피값	10만 원
운동	10만 원
[비정기지출]	
의류·미용비	20만 원
여행·휴가비	10만 원

여행·휴가비	10만 원	

[비소비성지출]

자유저축	11.5만 원
통장잔고	300만 원

[비소비성지출]

보험 적립금 반환금액 216만 원,
월 잉여금, 보너스로 가로저축
(노후연금, 비상자금, 주택확장자금, 종잣돈)

현금보유	516만 원

지현 씨의 어머니는 시골에 살고 계시는데, 짬짬이 아르바이트로 용돈벌이를 하며 소소하게 작은 텃밭도 가꾸고 직접 음식도 해드십니다. 현재 어머니가 살고 있는 집은 몇 년 전 땅을 사 조립식으로 지은 단독주택입니다. 종종 읍에서 하는 문화강좌 프로그램을 수강하고 저녁엔 주로 마을회관에서 동네 사람들과 담소를 나누며 저녁을 해드시는데, 정부에서 마을회관에 전기세와 쌀까지 지원해주기 때문에 풍족하다고 합니다. 병원비까지 저렴해서 매우 좋다고 하십니다. 현재 지현 씨 어머니는 매월 국민연금 50만 원, 지현 씨가 보내주는 용돈 20만 원, 그리고 소소한 아르바이트 수입 등으로 살고 계십니다.

서울에서 각박하게 살고 있는 지현 씨는 특별히 돈 들어갈 곳이 많지 않아 여유로워 보이는 엄마의 시골생활이 부럽기만 합니다. 지현 씨도 나중에 나이가 들면 엄마처럼 시골에서 텃밭을 일구며 소소한 행복을 누리면서 살고 싶습니다. 65세가 되면 지금의 엄마처럼 국민연금을 50만 원 정도 받을 수 있지 않을까 생각합니다. 그럼 국민연금과 함께 소소한 아르바이트를 하면서 살고 싶은데, 굳이 개인연금에 가입해야 할지 고민입니다.

또 지현 씨는 3년 전 사당동의 한 오피스텔(1억 4천만 원 매매, 현재 1억 5천만 원)을 4,400만 원의 대출을 끼고 구입했는데, 드디어 작년에 대출을 전액상환했다고 합니다. 하지만 대출이 없는 사람의 가계부치고는 지출이 너무 높았습니다. 이야기를 들어보니 대출을 갚는다고 2~3년 간 허리를 졸라맨 것에 대한 보상심리로 그때부터 지금까지 계속 지출이 늘어났다고 합니다. 그녀의 재무목표는 최소 월 150만 원 이상의 노후연금, 방배동 근처의 오피스텔을 구입하는 것입니다.

대한민국 국민연금 제도 살펴보기

사회보장의 일환인 국민연금 제도는 국가가 보험의 원리를 사회정책에 도입해 제도화한 사회보험 중 하나입니다. 즉 근로자의 노령, 퇴직, 장애, 사망 같은 위험으로 가정 내 소득의 감소나 상실이 발생할 시 당사자나 유족에게 경제적으로 안정적인 생활을 보장해주기 위해 연금 형태의 급여를 제공하는 대표적인 소득보장 제도입니다. 현대사회는 고령화로 노인 인구수가 증대하는 데 반해, 저출산·1인 가구 증가 등으로 핵가족화와 노인부양의식의 약화가 찾아와 노인에 대한 가족부양체계가 점차 무너지고 있습니다. 국민연금은 이에 대응하기 위한 노후소득보장 제도라 할 수 있습니다.

국민연금을 포함한 특수직역연금의(공무원연금·사학연금·군인연금) 제도적 개선이 꾸준히 이루어지고 있지만 공적연금의 안정적인 수급을 위협하는 요인들이 여전히 상존하고 있습니다. 이미 적립기금이 고갈

된 군인연금을 비롯해, 각 연금 제도들이 재정 불안에 시달리고 있죠. 앞으로도 고령화로 의료비, 연금, 사회복지서비스 비용 등 사회경제적인 비용이 급상승할 것이며, 국가는 복지비 과다지출로 인해 사회적 갈등이 심해질 가능성이 큽니다.

우리가 수령하는 국민연금은 소득대체율에 의해서 수급액이 정해집니다. 국민연금 소득대체율이란 자신이 받는 국민연금이 자신의 생애 평균 소득의 몇 %를 차지하는지 보여주는 비율입니다. 즉 연금 가입기간 동안의 평균 소득을 현재가치로 환산한 금액 대비 연금 지급액입니다. 국민연금 소득대체율 50%란 의미는 내가 받는 연금액이 내 평균 소득의 절반 정도 된다는 의미입니다.

보통 국민연금 소득대체율이 65%일 경우 안락한 노후를 보장합니다. 하지만 지난 2003년 1차 재정계산 당시 연금기금이 2047년 고갈될 것이라는 결과가 나왔고, 참여정부 시절인 2007년 국민연금법을 개정해 60%였던 소득대체율을 50%로 낮췄습니다. 이후 2028년까지 20년간 매년 0.5%씩 내려 40%까지 낮추기로 했습니다.

보건복지부에 따르면 2018년 기준 국민연금 신규가입자의 명목소득대체율은 45.5%지만 실질소득대체율은 24%로, 금액으로 환산하면 52만 3천 원에 불과하다고 합니다. 우리나라의 국민연금 제도는 세계 어디에 내놓아도 잘 만들어진 제도입니다. 그러나 현재의 고령화, 저출산, 실업과 맞물려서 연금 제도를 대폭 개선하지 않으면, 국민연금은 향후 소진될 가망성이 높습니다. 그렇게 된다면 지현 씨의 어머니처럼 국민연금을 소득의 중심축에 두기는 어려울 것입니다.

가로저축을 통한 유동성 만들기

지현 씨는 300만 원의 현금자산과 1억 5천만 원의 거주용 부동산이 있어 총자산은 1억 5,300만 원입니다. 부채는 없지만 시간이 지날수록 현재의 지출 297만 5천 원으로 인해 무거움을 느낄 것입니다. 유동성 확보를 위해서 현재의 지출구조를 개선해야 합니다.

지현 씨는 목적자금을 위한 전형적인 세로저축의 성공 케이스인데, 싱글이기 때문에 가능했습니다. 만약에 지현 씨가 결혼이라는 재무 이벤트가 있었다면 현재 사는 집도 사는 방식도 모든 것이 달라졌을 것입니다. 그러나 싱글인 지현 씨는 현재 주택마련과 그로 인한 부채상환을 완료했습니다. 지금부터 주택 확장(질적인)과 노후연금, 비상자금, 종잣돈에 대한 가로저축을 설계해서 준비하면 됩니다. 현재 지현 씨가 살고 있는 오피스텔의 단점은 상가 밀접지역에 있어서 시끄럽다는 것이고, 반대로 장점은 지하철역 근처에 있어서 동선이 편하고 아파트보다 상대적으로 저렴하다는 것입니다. 지현 씨는 인근 방배동에 있는 오피스텔(현 시세 3억 3천만 원 이상)로의 주택 이전을 고려하고 있습니다.

현재의 현금흐름을 살펴봅시다. 월 309만 원에 연 상여금 800만 원이 있습니다. 생활비·운동 등 정기지출로 222만 5천 원, 의류·여행·경조사 등 비정기지출로 60만 원, 자유저축의 비소비성지출로 11만 5천 원을 소비하고 있습니다.

지현 씨는 회사에 대한 만족도가 높습니다. 또한 선배들을 봤을 때 현재의 급여보다 추가 상승할 가능성이 매우 큽니다. 하지만 부채상환을 하고 나서 써도 너무 많이 씁니다. 본인 또한 현재의 소비가 위험하다는 걸 알고 있습니다. 순차적으로 조금씩 줄이기로 했습니다.

위험관리는 크게 두 가지로 나누어집니다. 혹시 모를 질병이나 사고에 대한 위험 방지와 돈 없이 맞이할 수 있는 노후에 대한 대비입니다. 지현 씨는 연금과 혼자 살게 될 위험에 대한 간병비 보장이 필요합니다. 따라서 새로운 목적자금인 주택 이전, 비상자금, 노후 준비, 종잣돈에 대한 가로저축을 준비하기로 했습니다. 지난해 기준 800만 원의 성과급이 지급되었고, 올해는 조금 더 높을 거라고 합니다. 이 성과급을 잘 활용해서 비정기지출에 대한 소비를 잡아나가고, 연금 적립금을 올릴 수 있는 수시 추가납입자금으로 활용할 예정입니다.

상황에 맞게 다음과 같이 지출을 줄이기로 했습니다.

— 휴대폰 요금제 변경 → 3만 8천 원 절감

기존 보험의 적립금 삭제 후 간병비 보험 5만 원 가입 → 8만 원 절감

문화생활비 캐시백을 활용 → 10만 원 질감

용돈에 점심값 포함, 짠순이 모드로 지출액 정해놓고 소비 → 15만 원 절감

몇 달 동안 이어진 의류비를 조금씩 삭감 → 30만 원 절감

이렇게 1차 줄이기를 통해서 66만 8천 원을 줄였고, 기존 비소비성 지출 11만 5천 원과 합해서 저축 여력 78만 3천 원이 생겼습니다. 기존 상여금 800만 원 중의 일부를 비정기지출로 활용하면 저축 여력이 123만 3천 원으로 상승합니다.

다이어트의 요요현상은 목표 몸무게 달성 후 안도감과 성취감으로 다시 먹게 되는 데서 발생합니다. 재무도 마찬가지입니다. 지현 씨는 주택마련과 주택대출상환의 목표를 달성한 후 그간의 좋은 지출 습관이 걷잡을 수 없이 무너졌습니다. 노후, 주택 확장, 비상자금 등 그 다음 목표를 설정하는 데 주력해야 하는 이유입니다.

지현 씨의 지출 상황을 보면 여러 품목으로 나뉘어 있지만 자세히 보면 거의 다 먹는 데 지출을 하고 있었습니다. 일단 먹는 부분에 대한 지출 줄이기를 먼저 시행하기로 했습니다. 가입한 보험의 보장은 잘 되어 있었지만, 많은 적립금이 나가고 있었습니다. (참고로 적립금은 보험 만기 시 탈 수 있으니 지현 씨는 앞으로 67년 후에나 받을 수 있습니다.) 무의미하기에 적립금을 삭제하기로 했습니다. 13만 원이나 줄었으나 결혼 계획이 없는 지현 씨의 노후에 간병 부분이 걱정되어 추가로 간병비 보험을 알뜰하게 가입했습니다. 800만 원의 상여금을 비정기지출으로 활용하고 남은 금액으로 연금상품의 추가납입을 활용할 예정입니다.

지현 씨는 1차 줄이기를 통해서 소득 대비 저축 달성율 30% 달성 했고, 반기 후 2차 줄이기를 통해서 좀 더 저축 여력을 확보하기로 했습니다.

잘나가는 골드미스,
제2의 인생을 고민하다

#월320만원 #비혼 #창업 #펀드투자

재무상담 전	
[정기지출]	
관리비	13만 원
인터넷·TV	3만 원
휴대폰	6만 원
교통·유류비	15만 원
식비	30만 원
용돈	45만 원
보장성 보험	13만 원
연금저축 (납입종료)	25만 원
[비정기지출]	
미용	10만 원
네일아트	10만 원
여행·명절·세금	상여금

재무상담 후	
[정기지출]	
관리비	13만 원
인터넷·TV	3만 원
휴대폰	6만 원
교통·유류비	15만 원
식비	30만 원
용돈	45만 원
보장성 보험	13만 원
연금저축 (납입종료)	25만 원
[비정기지출]	
미용 (상여금 내 지출)	10만 원
네일아트 (상여금 내 지출)	10만 원
여행·명절·세금	상여금

[비소비성지출]	
주택청약저축	10만 원
저축	30만 원
창업저축	50만 원
상환저축	40만 원
부모님 현금상환	50만 원
비상금 통장	5만 원
OO주식	1천만 원

[비소비성지출]	
주택청약저축	10만 원
조합원 저축 (부분 비과세)	40만 원
금현물 투자	50만 원
부모님 현금상환	50만 원
적립식 펀드	30만 원
개인연금	30만 원
원금보장형 ELS	500만 원
비상금 CMA	500만 원

직장생활 17년 차 주연 씨는 최근 퇴근 후 꽃꽂이 강습을 받고 있습니다. 직장생활 10년이 넘고 20년이 다가오면서 퇴직 후 어떤 일을 해야 할지 고민이던 주연 씨는 이것저것 알아보며 원데이클래스를 하나씩 배워보기 시작했습니다. 네일아트, 손뜨개질, 마카롱, 베이커리, 꽃꽂이 등을 한 번씩 해보면서 그중 가장 본인과 맞다고 판단한 꽃꽂이를 본격적으로 배우기 시작했습니다.

매주 2회 꽃꽂이를 배우며 '나중에 꽃집을 차리는 건 어떨까? 아니면 꽃으로 가득한 작은 커피숍을 차려볼까?'라는 꿈을 키우고 있는 주연 씨는 현재 미혼입니다. 그렇다고 남자친구가 있는 것도 아닙니다. 주연 씨 남동생은 벌써 결혼을 했지만, 주연 씨는 아직까지 남자친구조차 없다 보니 부모님의 걱정이 큽니다.

그도 그럴 것이 주연 씨의 나이는 올해 40세입니다. 그녀가 나고 자란 곳은 춘천인데, 대학 졸업 후 춘천에서 취업을 했으나 서울로 발령

받게 되면서 24세부터 지금까지 서울에서 혼자 생활하기 시작했다고 합니다. 처음으로 부모님과 떨어져 살다 보니 딸이 걱정된 부모님은 회사 근처 큰 대로변 쪽의 작은 빌라를 전세로 마련해주셨고, 그렇게 부모님의 도움으로 서울 생활을 시작했습니다.

서울 생활 17년째. 주연 씨의 고민은 결혼이 아니라 제2의 인생입니다. "앞으로 3~5년 정도 후엔 회사를 그만두고 저만의 가게를 창업하고 싶어요. 물론 지금 배우고 있는 꽃과 관련된 일을 하고 싶은데, 아직 구체적으로 생각하진 않았어요. 하지만 그때쯤 가게를 열려면 지금보다 더 많은 돈이 필요할 것 같은데, 어떻게 준비하면 될까요?"

투자를 아예 생각해보지 않은 것은 아닙니다. "주식과 펀드는 잘 몰라서 손도 대지 않았는데, 주변에서 이 주식은 꼭 대박 날 거라고 해서 시작했어요. 처음엔 10주 정도 샀고, 좀 더 오르는 걸 보고 10주 더 사고… 이런 식으로 사다 보니 어느새 꽤 많은 돈이 들어갔는데, 요즘 주식 시장이 자꾸 떨어지면서 마이너스를 기록하고 있어요. 주변에선 조금 더 기다리면 회복될 테니 불안해하지 말라고 하는데, 이렇게 마음 졸일 거면 그냥 적금을 할 걸 그랬어요."

주연 씨는 어떻게 재무 계획을 세워야 할까요?

1인 가구의 돈 모으기

골드미스인 주연 씨는 또래 미혼 여성들과의 모임으로 인한 저녁식사 비용으로 용돈 및 식비를 지출하고 있으며, 나머지 부분은 알뜰히 지출하고 있습니다. 줄이라고 하기에는 소득 대비 저축 비율도 안정적입니다. 상여금이 있기에 이왕이면 상여 포함 저축 비율이 60%까지 올랐으면 좋겠지만, 그녀의 삶도 인정해줘야 합니다. 하지만 한 달 총지출이 330만 원이라 비상자금에서 메꾸고 있는 상황입니다. 상여금은 휴가비(해외여행), 명절, 자동차보험 및 각종 세금, 비상자금 등으로 사용하고 있습니다.

연금저축 납입이 완료되었기에 비율 산출에서는 제외하고, 현재 월 저축액 중 창업자금과 부모님 상환금(초기 빌라 전세 마련 시 1억 원 지원, 현재 2천만 원 남은 상태)에 대한 저축 비율이 27%로, 주연 씨가 어떤 부분에 고민이 많은가가 엿보입니다. 또한 골드미스로 노후를 맞이한다고 했을 때, 상여금을 통한 노후연금의 준비를 10% 내외로 준비하면 완벽한 현금흐름을 보일 수 있습니다.

주연 씨의 상여금 250%를 월로 환산했을 때 대략 67만 원 정도의 급여를 더 받는다고 보면 됩니다. 그렇다면 총 비정기지출은 87만 원이며 22% 정도의 지출을 하고 있습니다. 1인 가구의 22%의 비정기지출은 조금 높은 편이며, 비정기지출의 상한선을 정해 비정기지출을 통제할 필요가 있습니다.

주연 씨는 소득도 안정적이고, 모임 비용과 비정기지출 이외에는 소비 자체가 크지 않기 때문에 높은 저축 달성률을 보이고 있습니다. 사람들은 보통 가정 있는 유부남이나 유부녀보다 싱글들이 더 돈을 모을 거라고 생각하지만, 막상 재무상담을 하다 보면 꼭 그렇지만은 않습니다. 구애받지 않고 즐길 수 있기에 쉽게 여행을 간다든지, 한 방에 비싼 물건을 산다든지 하기 때문입니다. 이런 대표적인 한 방을 부추기는 제도 중 하나가 싱글들의 신용카드 할부입니다. 신용카드의 할부 사용으로 신용평점이 떨어진다는 거 알고 계시나요? 웬만하면 신용카드는 일시불로만 결제하고, 결제일 전에 미리미리 갚는 게 좋습니다.

싱글들은 여유자금으로 비상자금을 만들어 소비(지출)금액을 정하고 현금이나 체크카드를 쓰는 게 돈을 모을 수 있는 가장 빠른 지름길입니다. 제로(0)월급의 원인은 단연 신용카드입니다. 월급 들어오면 바로 신용카드에서 출금해버리지 않나요? 등 긁는 것처럼 일단 긁을 땐 시원하지만, 계속 간지럽고 따갑지 않나요? 신용카드도 그렇습니다. 일단 신용카드 긁는 횟수를 줄이다 보면 저축이 보일 것입니다.

초보 투자자의 주식, 펀드 투자법

부채도 없고 잉여자금도 많다면 저축만 하는 게 가장 좋습니다. 하지만 돈 쓸 일은 많고 물가는 계속 오르고, 과거 30년 전처럼 은행 금리가 15%가 아닌 1988년의 딱 10%인 1.5%의 금리 시대에(참고로 1988년 삼성전자 주식이 1만 7천 원, 은마아파트가 5천만 원) 살고 있는 우리에게 이제 투자는 필수입니다. 기준금리의 변화를 살펴보면 다음 그래프와 같습니다.

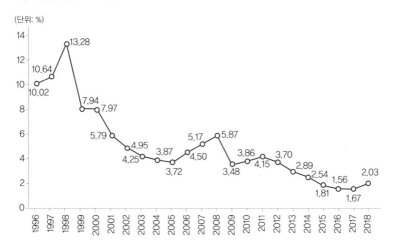

• 정기예금금리(1~2년 미만)

(단위: %)

초보 투자자는 주식이나 펀드에 한번에 돈을 거치해서 오르내림의 스트레스를 받는 것보다 정액분할 적립식 투자를 하는 것이 좋습니다. 정액분할 적립식 투자를 했을 경우 투자대상의 금액이 떨어지면 싸게 살 수 있다는 장점과 투자대상의 가치가 올라가면 누적적립금의 수익이 올라가기에 리스크를 헤지할 수 있습니다. 그리고 나서 자신의 투자성향에 맞춰 투자를 하면 됩니다.

예를 들어 정액적립식 펀드에 투자한다고 가정하고 안정성을 최우선으로 생각한다면 채권형 펀드, 안정과 수익성 두 마리 토끼를 다 쫓는 스타일이라면 혼합형 펀드·ELS·ETF 상품, 마지막으로 수익률이 최고라고 여긴다면 주식형 펀드에 투자하면 됩니다. 그리고 모든 상품을 분산하면 됩니다. 시기를 나누어서 투입해 시장의 변동성에 대처하고, 만기 시기를 다르게 설정해 세금이나 혹시 모를 손실을 줄이는 대비를 해야 합니다.

   돈을 모으는 가장 좋은 방법은 안 쓰고 그대로 저축하는 것입니다. 누구나 다 알지만 참 어려운 방법이죠. 저축에도 순서가 있습니다. 첫 번째 저축의 목표를 정할 때 ① 예비비 마련 목적(미혼은 최소 3개월의 급여분, 기혼은 6개월~1년의 급여분) ② 1천만 원 종잣돈 만들기입니다. 1천만 원의 자금이 있으면 웬만한 급한 상황을 해결할 수 있기에 대출의 유혹에 쉽게 휘둘리지 않습니다.

   상품을 고를 때는 세금순으로 비과세 상품을 우선순위에 두고, 그다음 부분과세 상품, 마지막으로 일반과세 상품(비과세 〉 부분과세 〉 일반과세)으로 합니다. 세제 혜택으로는 소득공제 상품이 우선이며, 그다음이 세액공제 상품, 마지막으로 일반 상품(소득공제 〉 세액공제 〉 일반)을 고릅니다. 이왕이면 특판상품의 이율이 좋기 때문에 같은 상품이라도 각 지점의 특판 현황을 알아보는 게 좋습니다.

ELS(Equity Linked Securities, 주가연계증권)

ELS는 개별 주식의 가격이나 주가지수에 연계되어 투자수익이 결정되는 유가증권입니다. ELS는 투자상품이기 때문에 원금손실의 가능성도 있습니다. 간접투자상품은 채권보다는 위험하고 주식보다는 덜 위험하다고 보면 됩니다. 일반적인 구조를 보자면, ELS상품은 일반적으로 투자금의 70~90% 정도를 채권에 투자해 이자를 얻고 나머지 10~30%의 금액이 옵션에 투자됩니다.

기초자산의 가격이 6개월 후 진입 시점보다 95% 이상 떨어지지 않으면 조기상환이 되며, 조기상환 조건이 충족되지 못하면 다시 6개월 후 주가를 최초기준가와 비교합니다. 6개월마다 조기상환 기회가 발생하는데 보통 최초기준 가격의 95%(6개월 혹은 1년), 90%(1년 6개월, 2년), 85%(2년 6개월, 3년) 단위로 설정됩니다.

이런 ELS상품 중에 원금이 보전되는 상품이 있는데, 지수연동상품입니다. ELS는 주가연계증권으로 기초자산에 어떤 조건을 만족하면 정해진 수익률에 따라 만기나 그전에 지급을 약속하는 상품인데, 여기서 기초자산을 무엇으로 하느냐에 따라 다양한 상품으로 나누어집니다. 대표적인 것이 지수를 기초자산으로 한 상품입니다. 개별 주식을 기초자산으로 한 상품으로, 원금보장형과 원금비보장형 이렇게 크게 두 가지로 나누어집니다.

다들 ELS, 주식, 그리고 펀드를 많이 헷갈려합니다. 먼저 ELS와 주식의 차이점을 설명해보겠습니다. 주식은 주가가 올라가면 수익이 발생하지만 ELS는 조건별로 수익이 결정되며 그 조건에 맞는 이율을 보장받습니다.

원금보장형은 수익률이 낮지만 기초자산이 하락하더라도 원금을 보장합니다. 만기 이전에 환매하거나 발행회사가 부도나게 되면 지급불능으로 원금을 보장받을 수 없는 게 유의점입니다. 원금비보장형은 기대수익률이 높고 조기환매가 가능한 점에서 현금 유동성이 좋은 편이지만, 원금손실 위험이 따릅니다. 각 유형은 다음과 같습니다.

원금보장형 ELS	원금비보장형 ELS
• 녹아웃형: 기간 중에 처음 정한 주가에 한 번이라도 도달하면 확정수익을 지급 • 양방향 녹아웃형: 정해놓은 주가에 도달할 때 정해진 수익 지급 • 불스프레드형: 가입할 때 정한 한도 내에서 만기 시 주가상승률에 비례해 지급 • 디지털형: 성해놓은 주가 초과 시 수익 지급	• 리버스 컨버터블형: 주가하락폭 이하로 떨어지지 않으면 수익 지급 • 스텝다운형: 일반형, 안전형, 월지급식, 슈퍼

ELS는 조건에 따라 수익을 주는 형태로 펀드와 차이점이 있으며 조건에 따른 수익률이 정해집니다. 또 투자 만기가 정해져 있으며, 연장되거나 변경되지 않고 상품에 따라 조기상환 옵션이 있습니다.

ELS 보는 법

ELS 제21793회

위험등급	원금지급여부	기초자산	예상수익률	상품유형
고위험	₩ 원금비보장	ⓢ HSCEI ⓢ S&P500 ⓢ KOSPI200	**세전 연 5.16%** (월 0.43%)	월지급식 ⦿
상환조건 3년/6개월,50%-(90,90,85,85,80,75)%,No Dummy,월수익행사율 65%,세전 연 5.16% (월 0.43%)		최대손실률 100 %	청약기간 2019-06-05 ~ 2019-06-13	업고일/환불일 2019-06-14 ~ 2019-06-13

자료: 삼성증권 발췌

위의 ELS를 살펴봅시다. 원금비보장 ELS상품입니다. 기초자산으로 는 홍콩의 HSCEI 지수와 미국의 S&P500 지수와 우리나라의 KOSPI 200의 세 가지 지수를 동시에 평가하는 것입니다. 이 상품은 최대 3년 동안 운용되며, 6개월마다 조기상환을 위한 평가를 하게 됩니다. 평가 일에 세 기초자산 중(홍콩의 HSCEI 지수와 미국의 S&P500 지수와 우리나라 의 KOSPI 200) 하나라도 평가기준에 미치지 못한다면 조기상환 되지 않고 다음 6개월 뒤에 다시 평가하게 되며, 세 기초자산이 모두 평가 기준에 부합되면 약속된 수익을 지급하고 종료됩니다

여기서 평가기준은 처음 상품을 가입할 때의 지수가 기준점이 되 며 '(90, 90, 85, 85, 80, 75)%'라고 적혀 있는 요율대로, 1차 평가

일(첫 6개월이 도래된 시점)에 세 기초자산이 모두 최초기준 가격 대비 90% 이상이면 조기상환 된다는 뜻입니다.

만약에 평가기준일에 자산 중 하나라도 조건에 미달된다면 다음 2차 평가일(최초 기준일 대비 1년)에 최초기준 가격 대비 90% 이상이면 조기상환이 되는 것이고, 계속 실패해서 마지막 평가까지 가게 되면 마지막 평가일(최초 기준일 대비 3년)에 최초기준 가격 대비 70% 이상이면 만기상환이 되며 운용사는 약속된 수익률을 지급하게 되는 상품입니다.

여행을 즐길 수 있는
노후 준비하기

#월320만원 #노후준비 #주택마련 #대출상환

재무상담 전	
[정기지출]	
오피스텔 관리비·공과금	13만 원
식비·외식비	80만 원
통신비·TV·인터넷	7.5만 원
생필품	17만 원
차량 유지비	25만 원
보험(실손·건강· 종신·운전자)	38.7만 원
운동	15만 원
용돈	50만 원
[비정기지출]	
경조사비	15만 원
명절비	9.2만 원
미용비	5만 원
휴가비	10만 원

재무상담 후	
[정기지출]	
오피스텔 관리비·공과금	13만 원
식비·외식비	40만 원
통신비·TV·인터넷	5.7만 원
생필품	17만 원
차량 유지비	15만 원
보험(실손·건강· 종신·운전자)	15만 원
운동	5만 원
용돈	30만 원
[비정기지출]	
경조사비	15만 원
명절비	9.2만 원
미용비	5만 원
휴가비	10만 원

수빈 씨는 재무상담을 하면서 몇 번이나 과거에 대한 그리움을 표현했습니다. 수빈 씨의 이야기를 들어보죠. 대학 졸업 후 바로 남들이 어렵다는 대기업에 입사를 하게 되었고, 1년 정도 직장생활을 하다가 6개월 정도 휴직 후 원래 수빈 씨가 가고 싶었던 대기업에 입사하게 되었습니다. 근무시간에 자기계발을 위해서 운동도 할 수 있고, 간단한 식음료가 무료인 데다, 무엇보다 수직관계가 아닌 수평관계의 회사 문화가 너무 좋았다고 합니다. 하지만 지인들도 부러워한 직장에서의 단꿈은 3년이 지나기 시작하면서 불평으로 바뀌기 시작했습니다.

점점 소득에 대한 불만도 커져갔고, 반복되는 업무에 자기만 뒤처지는 것 같아서였죠. 결국은 입사한 지 4년이 좀 넘어서 같은 부서의 선배가 창업한 광고회사로 옮기게 되었습니다. 처음에는 왠지 자신의 회사 같은 생각도 들었고 지원도 좋았죠. 무엇보다 참신한 기획을 하며 점점 자신의 커리어가 높아진다는 생각에 새로운 일이 너무 행복했다고 합니다. 그러나 대기업보다 더 좋은 회사로 변모할 것이라고 굳게 믿었던 회사는 2년 좀 지나서 문을 닫았습니다. 그 후 수빈 씨는 한 번의 이직을 더 거쳐서 현재의 직장에서 4년째 근무 중입니다.

비혼이 상대적으로 많은 두 번째 대기업의 동료들을 정기적으로 만나는데, 전 동료들을 만나고 오는 날은 몇 번이고 후회를 한다고 합니다. 상여금을 포함한 동료들의 연봉은 5천만~6천만 원 정도입니다. 다들 돈을 많이 쓰는 것 같은데도 저축을 월 150만 원 이상은 하고, 내 집마련으로 주거가 해결된 동료도 있고, 1년에 한두 번씩 해외여행도 다니니 마냥 부럽다고 합니다.

수빈 씨 또한 직장생활 초기에는 매달 100만 원 이상 저축을 했으나, 선배의 회사 폐업 후 몇 개월의 휴직을 겪으며 급하게 찾은 직장으로 인해서 이른바 몸값이 확 떨어진 다음부터 상황이 달라졌습니다. 현재의 직장에서 이제는 자리를 잡았지만, 전 직장 동료들을 만나면 자신과 지나치게 동떨어진 세상에 산다는 느낌이 적지 않게 든다고 합니다.

수빈 씨는 320만 원 정도의 월 소득을 얻고 있으며, 명절과 여름 보너스로 1년에 300만 원 정도를 더 받습니다. 모임에 들어가는 비용과 용돈, 회비, 외식비, 교육 및 운동비 등이 정기적으로 지출되고, 지난 달에 끝난 전세자금의 대출상환으로 이제 겨우 25만 원 정도의 저축(종신연금, 카카오 자유저축) 여력이 생겼습니다. 일부 제외한 급여의 대부분이 소비되고 있습니다.

수빈 씨의 재무목표는 10~20평대 아파트나 오피스텔을 장만하고, 이제는 자신과 멀게만 느껴지는 해외여행을 은퇴 후에 가끔 다닐 수 있도록 은퇴자금을 마련하는 것입니다.

1인 가구의 재무관리 중 제일 중요한 건 안정적 소득

한 번뿐인 인생에 자신이 제일 소중하기에 자신을 위한다는 명목으로 무분별한 지출을 하기 시작하면 절대 돈을 모을 수 없습니다. 미래를 위해 저축하지 않고, 당장의 만족을 위한 소비만 하다가는 가난한 싱글의 함정에 빠집니다. 비혼의 삶을 선택해서 싱글로 갈 때는 자신이 돈을 벌지 않으면 수입이 끊기기 때문이죠.

기혼의 가정은 자신이 돈을 벌지 못해도 다른 가족 구성원들이 서로 보완해줄 수 있지만, 싱글은 아닙니다. 그렇기 때문에 싱글, 즉 1인 가구 재테크의 가장 큰 핵심은 바로 '일자리'입니다. 재무설계를 사칙연산의 기호로 풀이하자면 수입 부분이 '+'인데, 이런 수입 부분은 기본 소득 외에 플러스 소득으로 자산을 올려주는 방법도 있지만, 무엇보다 현재의 소득을 끊임 없이 오랫동안 유지시켜주는 게 중요합니다.

두 번째는 업무능력을 향상시켜 소득을 올리는 것입니다. 수빈 씨는 본인이 늦었다고 하지만, 삶은 너무나 길고 앞으로 일해야 할 날들은 최소 28년 이상입니다. 바꿔서 생각하면 이제 막 올라오는 패기에 찬 신입사원들과 마찬가지로, 4차 산업혁명으로 곧 우리의 삶과 일에 직접 관여할 로봇 등 기계들과 싸워서 버딜 수 있는 능력을 길러야 합니다. 또한 현재 자신의 능력으로 은퇴 후에 어떤 삶을 살 것인가도 그려보고, 매일 자기계발을 통해 미래의 자신에게 투자를 해야 합니다.

지난달까지 전세자금대출을 상환한다고 지출이 컸지만, 그것 외에도 소비를 조금 통제해야 할 것 같습니다. 언뜻 보기에도 수입의 10% 정도밖에 저축하지 않습니다. 무엇이 문제인지 같이 찾아볼까요?

현재 상황을 점검하고 목표를 세웁니다

수빈 씨의 지출내역에서 문제점을 살펴보겠습니다. 첫 번째, 정기지출 중에서 식료품·외식비 80만 원과 용돈 50만 원이 거의 전 직장 동료들과의 모임 등의 비용으로 41% 정도 지출되고 있습니다. 물론 식비 포함이지만 월급의 40% 가량을 모임 비용으로 지출한다면 다시 한 번 생각해봐야 합니다. 또한 여행을 못 가고 있다지만 주말에 근교로 모임을 갖다 보니 회사 인근의 주택에서 생활하는 것치고는 유류비도 나가는 편이고, 잦은 모임으로 운동도 거의 빠지고 있습니다.

두 번째는 명절에 받는 떡값의 지출을 전혀 인지하지 못하고 있습니다. 일부는 자동차보험으로 나가지만 200만 원 이상의 지출이 새고 있다는 겁니다. 이렇게 보이지 않는 지출이 있을 경우에는 비정기지출 통장에 돈을 넣고, 소비할 수 있는 품목당 비용을 정해놓고 지출하는 게 가장 좋은 방법입니다.

지난달까지 대출상환을 한 수빈 씨는 아마 현재 지출상태를 유지했으리라 예측할 수 있고, 그로 인해서 이런 보너스 금액을 지출로 활용했을 것입니다. 앞으로는 보너스를 활용해서 비상금 통장을 만들어서 긴급 예비자금으로 활용하길 권했습니다.

수빈 씨는 아파트가 되었든 소형 도시형 생활주택이 되었든 자가에 대한 애착이 무척 강한 편이었습니다. 꼭 노후 준비와 주택마련을 하고 싶어 했는데요. 그렇다면 향후 부동산 시장은 어떨까요?

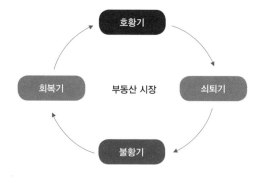

　모든 투자에는 사이클이 존재합니다. 경제에도 호황기가 있으면 쇠퇴기가 있으며, 쇠퇴기가 있으면 불황기를 거쳐 회복기가 있습니다. 현재 대한민국 부동산 시장은 너무 피곤합니다. 올라도 너무 많이 올랐기 때문입니다. 또한 정부에서 내놓은 부동산 투기 억제책이 굉장히 강합니다. 2019년부터 쏟아지는 입주물량들과 더불어 몇 년 동안 부동산 가격이 조정받을 것으로 예상됩니다. 그 후 건축규제 같은 여러 규제들로 인해 한동안 신규물량이 부족해지고 서남권 급행열차의 완공(신안산선, 월판선, GTX) 등으로 부동산 가격이 다시 많이 올라갈 수도 있습니다.

　자, 다시 본론으로 돌아와서 수빈 씨의 재무목표를 이루기 위해서는 어떻게 준비해야 할까요? 월 391만 원의 저축을 해야 합니다(현재의 은행상품 기준). 또한 내집에 대한 꿈을 이루기 위해서는 목표금액 외에 1억 원의 대출이 발생할 가능성이 크며, 그렇게 되었을 경우에는 대출상환에 대한 현금흐름이 추가됩니다.

재무목표	내집마련	노후 준비	대출상환(주택매입 시)
시점	7년 후	28년 후	7년 후
목표금액	1억 원	5억 원	1억 원 대출 시 20년 원리금 균등상환
상승률(가정)	3%	3%	3.3% 이자 가정
필요금액	1억 2,300만 원	11억 4,300만 원	원리금 균등상환
기대수익률	2%	2%	이자 27.5만 원+원금 29.4만 원
필요일시금	1억 700만 원	6억 5,700만 원	1억 3,673만 원(상환금 합계)
필요월저축액	137만 원	254만 원	월 56만 9천 원 상환

우리나라 분양시장의 특별공급 제도

'특공'을 노리는 것이 좋습니다. 특별공급은 평생 단 한 번 주어지는 기회로, 무주택자만 가능합니다. 이왕이면 민영 아파트(대략적 특별공급 35%)보다는 공공주택(65% 정도의 특별공급)의 특별공급을 노리는 게 좋습니다.

공급의 종류		공공분양
특별공급	**생애 최초** 생애 최초로 주택을 구입하는 사람	20%
	신혼부부 혼인 기간 7년 이내인 신혼부부	30%
	기관 추천 국가유공자나 장애인을 해당 기관에서 추천	15%
	다자녀 가구 미성년 자녀를 3명 이상 둔 사람	10%
	노부모 부양 만 65세이상 직계존속을 3년 이상 부양	5%
일반공급	해당 주택 건설지역에 거주하는 사람(무주택 기간이 길고, 청약통장 납입금액, 납입횟수가 많으면 유리)	35%

목표달성을 위해서 줄일 수 있는 만큼 줄여봅시다

수빈 씨는 여러 모임에 참가해 타인의 자산을 보며 스트레스를 받고 있습니다. 이런 모임 횟수와 시간만 좀 줄이면 외식비, 용돈, 차량 유지비를 다 줄일 수 있습니다. 각각의 지출 상한 금액을 정해놓고 소비하기로 하고, 만약에 지출금액보다 적게 쓰는 달은 비상금 통장으로 입금하기로 했습니다.

보험 같은 경우에는 종신연금으로 알고 지난달에 가입한 종신보험을 청약철회하기로 했으며, 높은 금액으로 나가고 있는 운전자보험은 1만 원짜리로 교체하고, 실손보험의 뇌출혈 특약과 적립금을 정리하고, 건강보험의 불필요한 특약과 적립금을 삭제해 보험을 리모델링했습니다. 또한 통신요금은 새로운 요금제로 전환해 통신비를 줄이고, 현재 잦은 모임 때문에 거의 나가지 않는 운동에 들어가는 비용은 주택 근처의 시설로 옮겨 일주일에 세 번으로 횟수를 조정해 지출을 줄이기로 했습니다.

마지막으로 명절에 나오는 떡값 등을 비상금 통장에 저축해서 비정기지출을 좀 더 통제하기로 했습니다.

남을 부러워하지 말고, 자신의 미래라는 큰 목표를 두고 답을 찾아봅시다. 지금 당장은 불편하겠지만, 줄일 수 있는 게 보입니다. 수빈 씨는 좀 더 줄일 수 있다고 했지만, 한번에 너무 많이 줄이면 역효과가 일어납니다. 분기마다 조금씩 더 줄여서 내년에는 저축률을 50%로 올리기로 했습니다.

6개월 후 어떻게 달라졌을까요?

지난달 5일 어린이도 아닌 수빈 씨가 격양된 목소리로 연락해왔습니다. 6개월 되는 날까지 기다렸다며 솔루션을 다시 점검하고 싶다고 말입니다.

수빈 씨가 크게 달라진 것 중 하나는 바로 돈의 가치를 굉장히 소중하게 생각하게 되었다는 것입니다. 그리고 무척 긍정적인 사람으로 바뀌었습니다. 개인연금 20만 원, 발행어음 50만 원, 배당주 펀드 20만 원, 채권형 펀드 20만 원, 인터넷 전문은행 적금 40만 원, 청약저축 2만 원, 비상자금(CMA) 6만 1천 원 등 저축 및 투자도 늘렸습니다. 다시 저축과 투자를 한 지 얼마 안 되어서 큰돈이 모이지는 않았지만 수빈 씨는 대출이 없기에 금방금방 돈을 모아서 뭔가를 할 수 있다는 자신감이 생겼습니다.

무엇보다도 모든 지출 목록 중에 더 소비한 게 단 하나도 없이 잘 지켜나가는 게 너무도 이쁩니다. 또한 다시 계획적인 생활을 하면서 용돈 소비량과 식비가 좀 더 줄어들어서 이달부터 저축액을 더 올리기로 했습니다. 다시 6개월 후의 수빈 씨가 어떻게 변해 있을지 기대해봅니다.

그냥 아껴서
저축만 잘하면 안 되나요?

#월215만원 #청년우대 #유동성확보 #일반과세

재무상담 전	
[정기지출]	
주거비 (관리비·공과금)	11만 원
통신비 (휴대폰·TV·인터넷)	8만 원
교통비	14만 원
식비·간식	21만 원
용돈	45만 원
미용 (화장품·액세서리)	9.5만 원
필라테스	13.3만 원
경조사	5만 원
실손의료비	1.3만 원
[비소비성지출]	
신한저축	10만 원
수협적금	60만 원
여행적금	10만 원

재무상담 후	
[정기지출]	
주거비 (관리비·공과금)	11만 원
통신비 (휴대폰·TV·인터넷)	5.7만 원
교통비	14만 원
식비·간식	21만 원
용돈	25만 원
미용 (화장품·액세서리)	9.5만 원
필라테스	13.3만 원
경조사	5만 원
실손의료비	1.3만 원
[비소비성지출]	
청년우대형청약저축	10만 원
수협적금	60만 원
적립식 펀드	30만 원

CMA	2만 원
예금(수협)	500만 원
예금(국민은행)	1천만 원
예금(국민은행)	1천만 원

통신사 연계적금	15만 원
예금(수협)	500만 원
금 및 달러 투자	1천만 원
예금(국민은행)	1천만 원

　30살 직장인 은정 씨는 월급 215만 원과 연 상여금으로 150만 원 정도의 수입이 있습니다. 부모님이 지원해준 전세금으로 주거비에 대한 부담은 덜한 상태죠. 은정 씨의 고민은 다름이 아니라 자신의 저축 습관에 대한 것입니다. "저 나름대로 충분히 저축을 잘하고 있다고 생각하고 있지만, 저축을 더 많이 하고 싶은데 어떻게 하면 좋을지 고민입니다. 제가 생각하는 저축 잘하는 법은 절약을 통한 여유자금 만들기입니다. 그런데 주변 사람들이 저축도 비과세가 되는 걸로 해야 한다고 하면서 현재의 제 저축 습관에 대해 다시 한번 생각해보라고 합니다."

　은정 씨는 저축을 하면서도 궁금한 게 많습니다. 비과세와 과세는 뭐가 다른지, 굳이 비과세를 해야 하는 이유가 있는 것인지 말입니다. 어차피 저축해서 모이는 돈은 몇억 원이 아닌 이상 그다지 차이가 나 보이지 않기 때문입니다. 은정 씨는 보험이나 연금에 큰 관심이 없습니다. 크게 아파 병원을 간 적이 없다 보니 보험료가 가장 아깝다고 합니다. 연금은 '나이 들어 받을 때쯤 얼마나 많이 받을 수 있을까?' 하는 생각에 관심이 없다는군요.

은정 씨의 재무목표는 목돈을 모으는 것입니다. 은정 씨처럼 미혼의 삶을 살아가고 있는 직장인이나 사회초년생 때는 돈을 저축하는 습관을 들이는 것이 무엇보다도 중요합니다. 목돈마련을 위해서 한 달 월급의 50% 이상은 무조건 저축·투자하는 것이 좋으며, 목돈 만들기에 가장 큰 방해꾼인 비계획적인 지출, 카드값 등으로 예상치 못한 지출이 나가지 않도록 소비를 절제하는 습관을 만들어야 합니다. 이런 계획적인 지출을 하기 위해서는 자신의 소비 패턴을 파악해야 하는 게 가장 중요하죠.

자신의 소비 패턴을 찾아 지출 계획하기

지출내역을 보면서 지출 중 용돈에 대한 부분의 지출이 다른 지출보다 높지 않은지, 그중에서도 카페에서의 비용 등 여가생활을 즐기거나 의류와 잡화 등을 구입하는 비용들이 생활비, 즉 주거생활에 필요한 비용보다 지나치지는 않는지 그 비율을 점검해봐아 합니다. 은정 씨는 둘 다 높은 편입니다. 또한 고정화되고 확정된 지출을 해야 필요한 돈을 모을 수 있는 기간을 예측할 수 있기에 변동지출을 줄이는 데 집중해야 합니다. 이런 변동지출을 줄이기 위해서 계획하고 통제된 지출 등이 필요하며 충동구매의 길을 만들어주는 신용카드 지출은 자제가 필요합니다.

이런 계획된 지출을 통해 지출을 줄이는 데 가장 좋은 방법이 바로 가계부를 작성하는 것입니다. 자신의 소득과 지출을 관리하지 않으면 자신이 어디에 얼마나 쓰는지를 파악하기 힘들어지기 때문에 가계부 또는 스마트폰 앱을 활용한 가계부 쓰기를 권장합니다.

처음 직장을 다니고 급여를 받는 사회초년생이나, 자녀교육비나 주택대출상환금 같은 아주 큰 덩치의 목적자금이 지출되지 않는 1인 가구인 경우에는 혹시 모를 비상시를 대비하기 위해서 유동성 확보에 주력하게 됩니다. 그래서 보통 급여 통장에 돈을 쌓아놓고 지출을 하죠. 이렇게 되면 쓸 수 있는 돈이 많아 보이는 착각을 일으켜 충동구매와 과소비를 일으킵니다. 아무리 저금리라지만 시간이 흐른 후의 이자는 무시를 못 하는데, 이렇게 급여 통장에 돈을 방치시키면 방치하는 금액만큼의 이자를 놓치게 됩니다. 간혹가다가 사회초년생이지만 '몰빵투자'를 하는 고객들도 봅니다. 이유를 물어보면 지금 금리가 너무 낮아서 투자를 한다고들 합니다. 말은 맞습니다. 그러나 한 가지 놓치는 게 있습니다. 저금리이긴 하지만, 돈을 묶어놓음으로써 절약을 유도하고 목돈을 모으는 좋은 습관인 저축의 장점을 놓치게 됩니다.

그렇다고 은정 씨처럼 은행상품에만 올인하는 게 좋은 것일까요? 그건 아닙니다. 소득이 한정적이고 물가도 감안해야 한다면 일정 규모의 투자상품도 필요합니다. 대개 중·장기적인 계획들을 시간이라는 헤지를 무기 삼아 투자상품으로 가져가는데, 자신의 성향에 맞게끔 은행상품과 투자상품의 비율을 조정하면 됩니다. 투자 초기에는 은행상품과 비슷한 유형의 확정금리를 주는 증권사 상품과 노후연금, 간접·적립식 투자상품을 고르면 됩니다.

보통은 '100-본인 나이'를 뺀 비율만큼 투자를 하라고 하지만, 실제적으로 '투자'라는 개념이 서양보다 약한 현재의 우리나라 상황상 '100-본인 나이를 뺀 비율'에서 50% 정도가 선호됩니다. 그동안 고객들과 면담해본 결과 알게 된 사실이죠.

작은 소비를 줄이는 게 적금보다 낫습니다

은정 씨의 현금 소비가 어떻게 이루어지는지 하나씩 점검해보니, 지출에서는 용돈 부분과 통신비 부분을 조정할 수 있을것 같습니다.

상담을 하다 보면 통신비를 줄여서 부족하게 데이터 쓰는 것보다 "1만~2만 원 정도는 괜찮아요."라고 하는 사람들이 더러 있습니다. 사회초년생들에게 10만 원 내외의 통신비는 급여에 따라서 다르지만 5% 이상의 비중을 차지하는 작지만은 않은 지출 항목입니다. 데이터를 조금만 줄이고 TV와 인터넷을 결합하고 잘 안 보는 TV채널 수를 줄여서 2만 원만 줄여도 1년이면 24만 원입니다. 이는 현재의 은행금리에서 200만 원씩 매월 저축하는 1년짜리 적금상품의 이자보다 더 많은 금액입니다.

은정 씨는 보험사의 저축보험이라는 10만 원짜리 종신보험과 청약저축에 가입하지 않았습니다. 특히 청년우대형청약저축에 왜 가입을 하지 않았는지 의문이며, 일정 비율의 투자상품이 없는 것도 아쉽습니다. 은정 씨는 나름 계획을 세우고 저축을 하고 있었습니다. 놓치고 있었던 청년우대 금융상품과 조금의 절약으로 은정 씨의 금융환경을 바꿀 수 있었죠.

은행(25일)

급여 통장	
215만 원 (순수 월수령액)	
은정	215만 원

명절
상여금
150만 원을
CMA로 이동

CMA((25일)

비정기지출 자금통장	연간지출 60만 원
경조사	60만 원

은행, 증권사(25일)

비소비성 통장	
115만 5천 원	
안정형 비율	68%
투자형 비율	32%
저율과세 및 비과세 비율	54%

은행(25일), 체크카드 사용

정기지출 통장	
99만 5천 원	
관리비	6만 원
공과금	5만 원
휴대폰 · TV · 인터넷	5만 7천 원
교통비	14만 원
식비	21만 원
용돈	25만 원
미용비	9만 5천 원
운동비	13만 3천 원

✓ 청년이라면 주택청약종합저축

기존의 청약저축, 청약예금, 청약부금이 하나로 통합되었습니다. 주택청약종합저축은 일반적인 저축성 상품에 주택청약의 기능을 접목한 것으로, 이자율이 일반 예적금보다 조금 더 높습니다. 해지나 주택 청약 당첨이 아닌 이상 중도인출은 불가능하며, 청약저축 납입액의 40%가 소득공제됩니다.

이에 더해 만 34세 이하(기존에는 만 19~만 29세 이하였으나 2019년 1월 2일부터 대상 연령 확대) **청년우대형 주택청약종합저축**이 도입되었습니다. 청년이라면 당연히 눈여겨봐야 할 상품입니다.

청년우대형 주택청약종합저축

가입조건: ① 만 34세 이하(병역복무기간 인정)
　　　　　② 연 3천만 원 이하 신고 소득(근로·사업·기타)
　　　　　③ 무주택 세대주 또는 무주택 세대구성원

• 가입혜택

구분	일반 주택청약종합저축	청년우대형 주택청약종합저축
소득공제	40%(한도 240만 원)	40%(한도 240만 원)
이자율	최고 1.8%	최고 3.3%
비과세 혜택	혜택 없음	이자소득세 500만 원까지 비과세
전환 신규	기존 청약저축을 해지하고 청년우대형 청약저축을 새로 가입 시 기존 납입금액, 납입 인정 회차, 가입기간 모두 인정	

비과세 상품이 왜 필요할까요?

비과세 상품의 필요성에 대해서는 두 가지 시선으로 보고 있습니다. 첫 번째, 우리는 미래의 특정 시점에 맞추어서 준비를 합니다. 재무목적에 따라서 1~3년이 될 수 있고, 길게는 몇십 년이 될 수 있습니다. 이런 미래의 재무목표를 달성하기 위해서 우리는 분산투자를 합니다. 이때 5년 이상, 즉 중기 이상의 상품은 물가상승률을 무시할 수 없습니다. 그래서 투자할 때는 중·장기 이상의 상품의 수익률이 물가 대비 몇 %가 뛰었나를 봅니다. 기간에 따라서는 원금의 2배 이상의 수익을 내도 물가상승 때문에 본전이 안 될 수도 있습니다.

결국 중·장기 이상의 상품은 적게는 몇십 % 이상의 수익을 가져와야 하는데 거기서 세금 15.4%를 공제한다고 한다면 그 수익이 과연 얼마나 될까요? 그렇기 때문에 중·장기 이상의 상품에 투자를 할 경우에는 어떤 세제 혜택이 주어지는지가 굉장히 중요합니다.

두 번째, 앞으로 우리나라는 증세 기조에 있을까요, 아니면 반대일까요? 세금을 올린다는 소리는 많이 들어도 세금을 줄인다는 소리는 들어본 적이 없는 것 같습니다. 앞으로도 고령화로 인해서 복지예산은 필연적으로 늘어날 것이고, 저출산으로 인해서 세수는 적을 건데 어떻게 될까요? 만약 경제까지 안 좋아진다면 시중의 투자자금들은 안전자산으로 넘어갈 것입니다.

금융소득종합과세 제도는 금융소득에도 누진세율(종합소득세율)을 적용해 종합과세하는 제도인데, 소득세가 종합과세되는 금융소득은 비과세 및 분리과세 금융소득을 제외한 금융소득 합계액이 연간 2천만 원을 초과하는 금액이 대상입니다.

금융소득 지급자가 원천징수하는 소득세와 지방소득세를 공제하기 전의 이자·배당소득 총액(세전이자·배당소득)으로 계산하기 때문에 더욱더 비과세 상품이 중요해집니다. 얼마 되지도 않는 이자에 세금까지 떼면 얼마나 화가 날까요? 그것도 몇십 년을 아끼고 절약한 돈인데 말입니다.

그렇기 때문에 금융상품을 알아볼 때는 이율이나 과거의 투자수익률도 중요하지만, 세제 혜택이 어떻게 주어지는지 꼭 알아야 합니다. 비슷한 이자의 상품일 때는 비과세, 부분과세, 일반과세의 순으로 상품을 선택해야 합니다.

고객에게 추천하는 금융상품

국내 증시 및 시장 상황에 따라 추천 상품은 그때그때 변동되며, 추가됩니다. 금리연동형과 실적배당형의 경계선에 있어 모호한 몇몇 상품이 있지만, 필자가 고객에게 추천하는 상품들로 임의 분류했습니다.

대표적인 금리연동형 상품

- 은행 예·적금: 일반적인 은행 예금·적금 상품
- 저율과세 저축상품: 농협, 수협, 산림조합, 새마을금고, 신협 내 조합원 또는 준조합원을 대상으로 상품으로 만기 시 1.4%의 세금을 떼는 상품
- 주택청약저축: 주택마련을 위해 가입하는 상품
- 금리형 연금: 확정금리를 주는 개인연금 상품
- CD(양도성예금증서)상품: 은행이 예금을 맡았다는 것을 인정해 발행하는 증서로 제3자에게 양도가 가능한 단기금융상품
- ELD상품: 코스피 200지수의 변동률에 따라 금리가 결정되는 상품. 보통 정기예금보다는 높은 금리 수준이며, 최고 5천만 원까지 예금자보호가 된다.

- RP(환매조건부채권): 환매조건부채권은 일정 기간이 지난 후 다시 매입하는 조건으로 채권을 매도함으로써 수요자가 단기자금을 조달하는 금융거래방식의 하나로 콜 자금과 같이 단기적인 자금수요를 충족시키기 위해 생긴 것이다.
- 금융채: 은행·종금사 등 금융기관이 자체적으로 자금조달을 위해 발행하는 채권

대표적인 실적연동형 상품

- CMA상품: 종합자산관리라 하며, 고객의 돈을 투자 관리해 그 수익을 고객에게 돌려주는 상품(실적배당형 또는 확정이자)
- CP(기업어음): 자유화 금리어음이라고도 부르는 기업어음은 은행이 아닌 신용상태가 양호한 기업이 주최가 되어 단기자금조달 목적으로 발행되는 어음
- ELS상품: 주가연계증권은 개별 주식의 가격이나 주가지수에 연계되어 투자수익이 결정되는 유가증권으로, 자산을 우량채권에 투자해 원금을 보존하고, 일부를 주가지수 옵션 등 금융파생상품에 투자해 고수익을 노리는 금융상품
- ETF상품: 상장지수펀드로, 펀드지만 상장된 주식처럼 언제든지 필요할 때 매매를 할 수 있도록 만든 상장된 펀드
- ETN상품: 특정 지수의 변동과 수익률이 연동되는 파생결합증권. 특정한 지수에 따라 수익률이 연동되고 일반 펀드나 주가연계증권(ELS)과 달리 증시에 상장되어 주식처럼 쉽게 거래할 수 있다는

점에서 ETF와 유사하다고도 볼 수 있다.

- MMF상품: 증권사나 투자신탁회사의 대표적인 단기금융상품이며 고객들의 자금을 모아 펀드를 구성, 재투자하는 방식으로 수익을 내는 상품
- 랩어카운드: 자산종합관리계좌. 증권사 등이 고객의 자산규모와 투자성향 및 위험 수용도를 파악해 고객의 자산을 적당한 금융상품 등에 투자해주고 수수료를 받는 것을 말한다.
- 물가연동국채: 인플레이션에 따른 위험으로 인한 채권의 가격 하락 위험을 헤지하기 위해 물가에 따라 이자와 원금이 조정되는 채권. 일반 국채와 같이 고정된 이자를 받는 것은 같지만 한 가지 다른 점은 투자한 원금이 매월 계속 바뀐다. (물가변동분에 의해서 이자가 달라지기 때문에 금리연동형과 실적배당형 경계선에 있다.)
- 펀드: '여러 사람의 돈을 모아' 전문가가 대신해 투자하고, 투자를 통해 얻은 이익을 투자자들에게 돌려주는 상품
- 배당주 펀드: 기업이 일정 기간 영업활동을 해서 벌어들인 이익을 회사 주주들에게 소유 지분에 따라 나눠주는 것이다.
- 발행어음: 종합금융회사가 자금을 조달하기 위해 스스로 발행하는 상품(실적배당형이나 확정이자)
- MMF 상품특정금전신탁: 고객의 자금을 받아 고객이 선택하고 지정한 방법으로 운용을 한 후 수익을 돌려주는 실적배당상품
- 금 펀드: 금에 관련된 기업의 투자하는 주식형 펀드나 금시세에 투자하는 ETF(상장지수펀드)를 말한다.

PART 03

둘이 아니면 힘들까요?

—

외벌이 부부의 재테크

이제 막 결혼한
신혼부부의 재무관리

#월450만원 #신혼부부 #정부정책 #첫출산대비

재무상담 전

[정기지출]

월세	50만 원
관리비	12만~20만 원
식비·외식비	50만~60만 원
생활용품·인테리어	5만~10만 원
통신비·인터넷·TV	17.5만 원
정수기	5만 원
남편 용돈	25만 원
아내 용돈	25만 원
회비(시댁·친정)	10만 원
자동차 할부	44만 원
유류비	20만 원
대중교통비	8만 원
건강·실비보험	13만 원

재무상담 후

[정기지출]

관리비	17만 원
식비·외식비	50만 원
전세대출이자	11만 원
통신비·인터넷·TV	6.5만 원
정수기	1만 원
남편 용돈	25만 원
아내 용돈	25만 원
회비(시댁·친정)	10만 원
자동차 할부	44만 원
유류비	20만 원
대중교통비	8만 원
건강·실비보험	13만 원

둘이 아니면 힘들까요? – 외벌이 부부의 재테크

[비소비성지출]	
저축 (목돈마련)	140만 원
1주년 여행저축	10만 원
주택청약저축	5만 원
비상금 통장 (생활비 부족 시 사용)	20만 원

[비소비성지출]	
저축 및 펀드 (대출상환 및 목돈마련)	180만 원
1주년 여행저축	10만 원
주택청약저축	5만 원
비상금 통장 (생활비 부족 시 사용)	20만 원

결혼 6개월 차 신혼부부 현민 씨와 주란 씨. 많은 돈을 관리해본 적 없는 주란 씨는 본인 월급 전부를 저축하고, 남편 월급으로 생활하기로 마음먹었다고 합니다. 앞으로 시간이 지나 임신을 하고 아이가 태어나면 외벌이로 생활해야 해서 미래를 대비하기 위해 결정을 내렸지만 막상 실천해보니 생각보다 빠듯했습니다. 매번 지출할 때 '잔액 얼마 남았지?'라는 스트레스를 받아 사고 싶은 게 있을 때마다 '사야 하나? 말아야 하나?'라는 고민을 얼마나 하는지 모르겠다고 했습니다.

요리를 잘 못하는 주란 씨는 대부분의 반찬을 구입하는 편이지만, 매번 같은 반찬을 먹는 것도 지겹다 보니 저녁을 집 앞에서 자주 사 먹고 있습니다. 부부의 취미는 주말마다 영화 보는 것 말고는 특별한 게 없으며, 옷을 많이 구매하는 것도 아니고 머리를 자주 하는 것도 아니라고 합니다. 딱 둘이서 밥만 먹고 사는데 왜 이렇게 돈이 많이 나가는지 모르겠다며 고민을 토로했습니다.

부부는 현재 각 250만 원, 200만 원의 월급을 받아 총 450만 원의 소득이 있습니다. 신도림에서 반전세로 보증금 7천만 원에 월세 50만 원을 내며 살고 있습니다. 주란 씨 부부의 핵심은 '줄일 수 있는 건 줄이자'와 '정부의 신혼부부 혜택'입니다.

줄일 수 있는 항목을 찾아봅시다

✔ 반전세에서 전세로

결혼을 앞둔 예비부부나 결혼한 지 얼마 안 된 신혼부부가 가장 크게 고민하는 것 중 하나가 바로 주택입니다. 특히 신혼부부라면 모두들 첫 집으로 누군가가 살았던 집보다 자신이 처음 살기 시작하는 새집을 꿈꾸죠. 그렇지만 새로 지어진 집을 얻기 위해서는 새집을 매매하거나 분양을 받아야 하는데 매매가격은 터무니없이 비싸고 일반 분양은 직장생활 몇 년 치의 월급을 다 모아도 턱없이 모자라는 가격이고 가점제로 인한 엄청난 경쟁률까지. 신혼부부의 새집 마련은 너무 어려운 게 현실입니다. 그러다 보니 월세로는 돈을 모을 수 없기에 전세를 찾는 것이고, 서울 전셋값이 워낙 비싸다 보니 반전세라는 게 생겨난 것입니다. 말이 반전세지 비싼 보증금에 좀 덜 비싼 월세가 아닌가 싶습니다.

주란 씨 부부는 재무상담 후 전세자금대출 500만 원을 받아서 전세로 이사했습니다. 다행히 현재 살고 있는 곳에서 한 블록 정도 들어가니 전세 물량이 나오고 전세가격도 4천만 원 정도 낮아서 전세로 이사할 수 있었습니다. 이렇게 월세로 나가던 50만 원을 절감했습니다. 빚도 잘 내면 투자입니다.

✔ 인터넷·휴대폰 요금

젊은 친구들이 셈에 빨라서 휴대폰 요금을 충분히 절약하고 있을 것이라는 생각은 재무상담을 하다 보면 산산이 깨집니다. 주란 씨 부부역시 그랬습니다. 상품을 알아보고 인터넷과 TV의 통신사 결합, 통신요금제 절감으로 6만 5천 원 절감할 수 있었습니다.

✔ 정수기 렌탈 비용

얼음이 나오는 기능이 마음에 들어서 덜컥 비싼 렌탈비의 정수기를 계약했지만, 6개월을 써보니 얼음 기능을 전혀 쓰지 않았습니다. 이에 렌탈금액 9,800원의 정수기로 이전하게 되었습니다. 4만 원의 비용이 절감되었습니다.

용돈과 비상금 통장에서 비정기지출 및 이·미용비까지 해결한다고 하니 용돈의 많고 적음을 논하고 지출을 줄이는 것보다는 앞으로 좀 더 명확한 가계부 정리를 부탁하게 되었습니다. 반진세의 월세, 인터넷·휴대폰 요금 등 총 60만 5천 원 절감하고, 전세자금대출로 인한 이자는 인테리어 비용에서 충당하기로 했습니다.

이렇게 2년 간 1,452만 원(60만 5천 원×24개월)의 추가 목돈이 발생했고, 기존 저축하던 140만 원을 합하면 주란 씨의 소득인 200만 5천 원은 온전히 저축할 수 있게 됩니다.

정부의 신혼부부 혜택을 주목하세요

결혼 6개월 차인 주란 씨 부부! 당연히 정부의 신혼부부 혜택을 받을 자격이 있습니다. 신혼부부 전용 전세자금과 내집마련을 위한 구입자금 대출을 알아보겠습니다.

✔ 신혼부부 전용 전세자금(주택도시기금 참조)

혼인기간이 7년 이내이거나 결혼 예정자로 대출신청일 현재 세대주여야 하며, 세대주를 포함해 세대원 전원이 무주택자여야 합니다. 부부합산 연소득 6천만 원 이하면 신청할 수 있습니다. 대상주택은 임차보증금 2억 원 이하, 100m² 이하 주택입니다(서울·경기·인천의 수도권은 3억 원 이하, 85m² 이하). 대출금리는 다음 표를 참고해주세요.

연소득 (부부합산)	보증금			
	5천만 원 이하	5천만 원 초과 1억 원 이하	1억 원 초과 1억 5천만 원 이하	1억 5천만 원 초과
2천만 원 이하	연 1.2%	연 1.3%	연 1.4%	연 1.5%
2천만 원 초과 4천만 원 이하	연 1.5%	연 1.6%	연 1.7%	연 1.8%
4천만 원 초과 6천만 원 이하	연 1.8%	연 1.9%	연 2.0%	연 2.1%

대출한도는 전·월세 계약상 임차보증금의 80% 이내로 수도권(서울·경기·인천) 2억 원, 그 외 지역 1억 6천만 원 이내입니다. 만약 1년 미만의 재직자의 경우에는 2천만 원 이하로 한도를 제한합니다.

신규대출을 받을 경우 계약상 입주일과 전입신고일 중 빠른 날 이후 3개월 이내, 추가 대출일 경우 전입일과 기존 대출실행일로부터 1년 이상 경과 후, 계약이 갱신된 경우 3개월 이내 대출을 신청할 수 있습니다. 대출기간은 2년으로, 4회 연장해 최장 10년까지 가능하며, 일시상환 또는 혼합상환이 가능합니다. 신혼부부 전용 전세자금은 KB 국민은행, 신한은행, 우리은행, NH농협은행, IBK기업은행에서 취급하고 있습니다.

✔ 2019년 신혼부부 전용 구입자금(주택도시기금 참조)

혼인신고를 한 지 7년 이내이거나 대출신청일 기준 결혼 예정일 3개월 이내이고, 생애 최초로 주택을 구입하는 경우 낮은 금리로 대출을 받을 수 있습니다. 이때 부부합산 소득 7천만 원 미만이어야 하며, 대출한도는 2억 2천만 원(DTI 60%, LTV 70% 이내)입니다. 금리는 다음과 같습니다.

연소득수준 (부부합산)	만기별 금리			
	10년	15년	20년	30년
2천만 원 이하	연 1.70%	연 1.80%	연 1.90%	연 2.00%
2천만 원 초과 4천만 원 이하	연 2.10%	연 2.20%	연 2.30%	연 2.40%
4천만 원 초과 7천만 원 이하	연 2.45%	연 2.55%	연 2.65%	연 2.75%

*대출신청일과 대출승인일(실행일)의 금리가 다른 경우에는 낮은 금리 적용

현민 씨와 주란 씨 부부는 반전세로 인해 생기는 경비를 절감하기 위해 정부 제도를 이용해 전셋집을 마련하고 전세대출을 상환해야 합니다. 신혼과 재무설계는 참 비슷한 게 많습니다. 처음 시작하기에 설레고, 기존의 것을 새로움으로 장착하고, 목표를 정해서 둘이 같이 뛰어가는 게 말입니다.

출산으로 줄어드는 소득에 맞게 재조정해야 합니다

현민 씨와 주란 씨에게 축복할 일이 생겼습니다. 둘을 똑 닮을 아이가 7개월 후 세상에 나옵니다. 행복한 이 가정에 약간의 애로점이 생겼습니다. 첫 임신이다 보니 주란 씨의 입덧이 너무 심해서 현재 두 달간 무급휴가를 사용하고 있습니다. 부부의 현재 상황을 고려해서 출산자금까지 다시 산출하기로 했습니다.

너무 축하하고 잘된 일이지만 현재 부부의 상황이 녹록지 않기 때문에 일단 양가의 명절에 대비해 회비로 내는 돈을 한동안 유예하기로 했으며, 재무상담 후 다시 조정하고 싶어 했던 외식비는 금액을 조금 내렸습니다. 가장 큰 변화는 아내의 교통비 지출이 많이 줄었고(휴직상태라서), 비용의 절감을 위해서 남편의 대중교통 이용을 좀 더 많이 늘리기로 했습니다.

용돈도 줄이려고 했으나, 요즘 청년 같지 않게 부부는 용돈에서 경조사 비용과 미용·의류 비용까지 함께 쓰고 있어서 오히려 예상치 못한 소비가 늘어날 것 같아 만류했습니다. 다행히 부부는 1년 동안 열심히 저축과 투자를 했기에 일정금액의 출산자금을 마련할 수 있었습니다.

부부가 목돈마련을 위해 1년 동안 투자하고 모은 돈을 정산했더니 2,234만 원이라는 꽤 큰 목돈이 되었습니다. 이 돈을 활용해서 우선 출산자금 통장을 만들고 그 안에서 지출하기로 했습니다. 산후조리원 비용과 출산 시 병원 비용, 출산 전 각종 검사 비용 등을 750만 원으로 산출해서 CMA통장에 입금 후 지출하기로 했습니다. 또한 아이의 우유병, 옷 같은 비용은 일단 250만 원 정도 산출해서 인터넷 은행에 입금한 후 지출하기로 했습니다.

현재는 식비가 처음보다 좀 줄어든 상황에 맞추어서 현금 소비 패턴을 정했지만 시간이 좀 지나서 입덧이 사라지면 식비가 더 나갈 것이고, 만약 계속 현재처럼 못 먹는다면 한약이라도 지어야 하기 때문에 234만 원을 예비 식비로 빼놓았습니다.

남은 돈 1천만 원은 주란 씨가 임시로 쉬는 상황이기에 복직과 출산휴가 또는 육아휴직의 우선순위를 한 달 동안 좀 더 고려하고 나서 활용을 결정하기로 했습니다. 나머지 여행 통장이라든지 비상금 통장은 그대로 거치하는 형태로 가기로 했습니다.

마지막으로 출산 시 빼놓을 수 없는 연말정산에 대해서 알아보도록 하겠습니다.

✔ 출산 비용 연말정산

2019년 연말정산까지는 소득공제밖에 되지 않았으나, 조건 부합 시 2020년부터는 의료비 세액공제 혜택도 추가로 받을 수 있습니다. 예를 들어 현민 씨와 비슷한 연봉 4천만 원 근로자가 있습니다. 총급여 4천만 원 중에 산후조리원 비용으로 300만 원, 일반병원비로 100만 원, 총 400만 원을 지출했다고 합시다. 의료비 최저사용액 120만 원(4천만 원의 3%)을 초과한 280만 원에 대해 15%에 해당하는 42만 원이 세액공제가 됩니다. 의료비는 부부 합산이 가능한 항목이니, 소득이 적은 사람에게 몰아주는 것이 유리합니다.

의료비 세액공제

근로자 본인 및 기본공제대상자(나이요건 및 소득금액 제한 없음)를 위해 실제 지출한 의료비 부담액 중 근로자 총급여액의 3%를 초과한 금액에 대해서 세액공제합니다. 단, 보험회사로부터 수령한 보험금, 국민건강 보험공단의 지원금·본인부담금상한제 사후 환급금을 받는 경우 그 해당 의료비, 사내근로복지기금 등으로 지출한 의료비는 세액공제 대상금액에 해당되지 않습니다. 또한 치료 목적이 아닌 미용·성형수술 및 건강증진을 위한 의약품(보약 포함) 구입 비용은 세액공제 대상금액에서 제외됩니다(시력보정용 안경 또는 콘택트렌즈 구입비는 1인당 연 50만 원 이내).

현재 사는 집을 매매 후
더 큰 전셋집으로 이사 가고 싶어요

#월384만원 #주택확장 #다자녀혜택 #마이너스통장 #우선상환

재무상담 전	
[정기지출]	
관리비·공과금	30만 원
식비	70만 원
학원비	22만 원
학습지	16.1만 원
방과후학교	20만 원
통신비(4명 휴대폰)	20만 원
가족보험(건강·실비·운전자·화재·상조)	57.2만 원
남편 용돈(출퇴근 교통비 포함)	35만 원
아내 용돈	20만 원
대출 원리금상환	43.5만 원
[비정기지출]	
경조사	10만 원
이·미용 비용	10만 원

재무상담 후	
[정기지출]	
관리비·공과금	30만 원
식비	70만 원
학원비	22만 원
학습지	16.1만 원
방과후학교	20만 원
통신비(4명 휴대폰)	10만 원
가족보험(건강·실비·운전자·상조)	34.2만 원
남편 용돈(출퇴근 교통비 포함)	25만 원
아내 용돈	10만 원
대출 원리금상환	43.5만 원
[비정기지출]	
경조사	10만 원
이·미용 비용	10만 원

여행 및 명절 비용	13만 원		여행 및 명절 비용	13만 원
[비소비성지출]			[비소비성지출]	
자유저축	10만 원		금리우대형 저축	10만 원
양가 형제 적금	10만 원		개인연금	20만 원
			적립식 펀드	10만 원
			금 펀드	10만 원
			양가 형제 적금	10만 원

　수원에 사는 38세 외벌이 아빠 재민 씨의 고민은 현재 살고 있는 주택의 평수를 늘리는 것입니다. 하지만 현재 주택에 대출이 껴 있는 상태로 추가 대출을 받아 이사하기엔 부담이 큰 상태입니다. 그래서 생각해낸 게 전세로 큰 평수를 가지는 것인데, 아내 미애 씨는 전세를 반대하는 입장입니다. 2년에 한 번 전셋값을 올려달라 할까 봐 현재의 자가 주택을 팔고 싶어 하지 않습니다.

　이 부부 무리하게 이 집을 가지고 가는 게 맞는 것인지 고민이 되고, 앞으로 아이들(10살 지혜와 8살 지연)을 키우기 위해선 더 많은 돈이 필요할 텐데 어떤 식으로 앞으로의 계획을 잡아야 할지 막막하기만 합니다.

다섯 가지 재무목표를 세워야 합니다

　현재 재민 씨가 보유한 주택은 다른 지역처럼 거품이 껴 있지 않은 상태로 실거래가 대비 전세가도 다른 지역보다 높기에 가지고 있어

야 합니다. 대신 소비를 줄일 목록을 정해 지출관리를 하고 대출변제와 미래의 목적자금(아이의 학자금, 노후 준비)을 위해서 가로저축 형태로 자금을 모으기로 했습니다. 가로저축으로 본 재민 씨의 목표별 준비기간은 다음과 같습니다.

• 향후 예상되는 재무 이벤트의 최대 준비기간

노후자금	최대 준비기간 27년
자녀교육(대학)	최대 준비기간 12년
주택 확장	최대 준비기간 6년
주택자금대출상환	최대 준비기간 12~27년
마이너스통장 상환	최대 준비기간 4년

✔ 노후자금

65세부터 연금을 수령한다는 가정하에 노후자금을 준비할 수 있는 기간은 최대 27년입니다. 하지만 요즘 들어 고용불안을 느끼는 재민 씨의 1차 정년시기는 50세 정도로 예상되기 때문에, 실제 연금을 적립하는 구간은 12년, 거치하는 기간은 15년 정도입니다.

현재 재민 씨는 잉여자금이 거의 없고 마이너스 대출 및 주택대출에 따른 부채가 자산(2억 5천만 원)의 40%인 상황에서 주택 확장에 따른 대출도 감안해야 합니다. 따라서 연금 준비가 늦어지므로 기간 대비 많은 적립이 필요하지만 다른 재무목표와 함께 가로저축을 준비해야 함에 따라 현실적으로 불가능합니다. 이 경우 수시 추가납입 형태로 최소금액만 노후자금에 투자해야 합니다.

✔ 자녀교육

자녀의 대학자금 준비도 중요하지만 당장 자녀가 고학년으로 올라갈수록 사교육비는 더욱 올라가게 되어 있습니다. 철저하게 지출이 통제되지 않는 한 아내의 소득 도움 없이는 대학자금 준비보다 자녀의 중·고등학교 사교육비로 어려움을 겪을 확률이 큽니다.

✔ 주택 확장

고객의 재무적인 희망이나 꿈을 깨트리긴 싫습니다. 그러나 현실적으로 재민 씨의 주택 가격은 수도권 주택의 가격치고 아주 높은 편이 아닙니다. 또한 부채를 뺀 순자산은 1억 5천만 원 남짓하죠. 현재 월 잉여자금은 9만 원 정도이며 양가 형제들끼리 하는 저축 10만 원을 빼면 유일한 저축액입니다.

추가 소득이 없는 상황에서 주택 확장으로 대출을 늘린다는 건 불난 데에 기름을 붓는 격입니다. 아이에게 방이 필요한 시기는 지금부터 대략 10년 정도 후입니다. 현재의 상황에서 아이의 방 때문에 주택 확장을 해서 이사를 가야 된다면 부부가 싫다는 전세주택을 찾아야 합니다. 꼭 전셋집으로 가야 하는데 전세가 싫은 이유가 전세가의 변동성이라면, 임대 아파트를 진지하게 고려해볼 수도 있습니다.

부부의 희망대로 지금은 지출을 최대한 줄여보고 아내 또한 아르바이트로 소득을 보태기로 했습니다. 향후 모니터링 시 재정산을 할 때까지 고민해보고, 대출을 끼고 무리하게 주택을 살 건지 임대주택을 활용할 건지 결정하기로 결론지었습니다.

✔ 주택자금대출상환

재무상담을 해보면 많은 분들이 주택대출 초반이나 은행이 금리 인상을 단행했을 때는 대출상환에 관심을 가졌다가 시간이 지나면 다시 잊어버립니다. 너무 빡빡하게 살아가고 있는 우리의 현실입니다. 하지만 한 가지 알아야 할 게 현재 재민 씨의 대출금인 9,100만 원을 연이율 3.7%로 30년 원금균등상환을 하게 되면 갚아야 할 총금액은 1억 4,164만 5,292원입니다.

원금 9,100만 원을 빌려서 이자만 5,064만 5,292원을 내게 되는데 이것은 원금 대비 약 56%에 달하는 금액입니다. 물론 집값의 상승을 기대할 수 있지만 이자가 아까워도 너무 아깝습니다. 그렇기 때문에 부채를 최대한 빨리 갚아야 합니다.

✔ 마이너스통장 상환

지금 부부에게는 자유저축에 있는 잔고 280만 원이 유일한 현금 자산입니다. 가구 월 소득의 2~3배인 800만~1,100만 원 정도의 비상자금이 있어야 하나, 오히려 마이너스통장에 1천만 원의 부채를 지고 있습니다. 이런 부분은 앞으로 비정기적인 지출 상황에 따라서 부채의 늪에 빠지게 만들기 때문에 하루 빨리 개선해야 합니다.

제가 본 부부의 1순위 재무목표는 마이너스통장 대출상환 후 비상금 만들기입니다. 마이너스통장은 비상금이랑 가장 밀접한 관계를 갖고 있는데, 우선 사람들이 마이너스통장을 쓰는 경우를 보면 이런저런 이유로 현금이 돌지 않을 때, 즉 일시적으로 자금이 융통되지 않아서입니다. 그러다 보니 계속 마이너스통장을 끌고 갈 수밖에 없습니다.

연말 상여금이나 성과급, 정기적금 만기 등 큰돈이 들어올 때마다 한도를 조금씩 줄여나가는데 위에 열거한 항목들은 비상금과 밀접한 관계가 있는 항목입니다. 마이너스통장의 사용은 비상금이 준비되어 있지 않은 상태에서 비상상황이 발생되었거나 무리한 대출(대다수가 내집마련 시)로 인한 자금 부족 시에 발생하는데, 계획적인 소비가 되지 않았다고 볼 수 있습니다. 그렇기 때문에 마이너스통장을 활용한 재무상황에 처해 있다면 우선적으로 마이너스통장의 대출부터 갚아야 합니다.

부부가 함께 줄여나가야 합니다

아내의 적립보험료만 빼면 부부의 보험은 손댈 게 없습니다. 아내의 적립보험료 7만 원을 빼고, 아이들 보험을 재설계해서 보험료를 낮추고 가족일상배상책임이 있기에 화재보험은 정리하기로 했습니다.

식비는 소득 대비 18%정도며, 아이들도 어린 편이죠. 아무리 줄이기를 시도한다고 해도 아이를 고려하고 소득 대비 비율을 고려해야 합니다. 식비의 경우 줄이지 않기로 했습니다.

휴대폰 요금제 변경 후 더 이상의 지출을 줄이기가 힘들다고 판단했는데 부부가 아빠와 엄마의 용돈을 줄이겠다고 했습니다. 현재 아내의 용돈은 주로 아이들의 간식비 및 교통비로 사용되고 있었습니다.

남편의 업무 특성상 직장에서 일부 유류비와 식대가 지원된다고 합니다. 또한 올해 들어서 전자담배까지 끊었기에 충분히 용돈을 더 줄일 수 있다고 하는데 사실 사회생활 안에서 식대, 커피, 술 한잔 같은 비용들이 생각보다 많이 나갑니다.

부부에게 경조사비나 휴대폰비, 식비 등이 따로 분류되어 있지만 교통비를 포함한 25만 원의 용돈은 남편의 직장생활까지 문제가 생길 수 있다고 이야기했습니다. 남편은 어느 정도의 비용이 회사에서 지원되니까 줄여보겠다고 해, 이번 분기에서는 줄인 채로 생활하고, 다음 모니터링 때 재무상황 평가를 반영해서 수정하기로 했습니다.

조정된 재무설계는 부부의 재무목표 중 단 한 가지도 충족 못한 솔루션이 맞습니다. 그러나 재무설계는 인생이라는 긴 여정에 있어서 목표에 나다르기 위해서 끊임없이 노력하는 과정이고, 지금은 그 시작점이라고 생각하면 됩니다. 그 시작을 어떻게 하느냐가 중요하기 때문에 재무설계를 강조하는 것입니다.

다자녀 가정의 혜택

① 다둥이 행복카드 발행

서울시에 거주하는 2자녀 이상 가정 중 막내가 13세 이하인 가정이라면 누구나 발급받을 수 있으며, 다둥이 행복카드는 신분 확인용과 신용·체크카드로 나뉘며, 신용·체크카드로 발급받을 시 더 많은 혜택을 받을 수 있습니다. 다둥이 행복카드의 세부 사항으로는 외식 관련 아웃백, 스타벅스 등 20% 할인, 쇼핑 관련 현대홈쇼핑 3% 할인, 문화 관련 영화관 최대 4천 원 할인, 롯데월드, 에버랜드 등 본인 자유이용권 50% 할인 등 다양한 혜택이 주어집니다.

② 보육시설 입소 우대

영유아 자녀 2명 이상이면 모든 어린이집에 입소 우선순위를 부여받을 수 있습니다. 만 12세 이하 자녀가 3명 이상이거나 만 36개월 이하 아동이 2명 이상이라면 여성가족부에서 진행하는 아이돌봄 서비스도 우선적으로 제공됩니다.

③ 국민연금 출산크레딧

둘째 이상 자녀 출산 시 연금보험료를 추가 납부한 것으로 인정해 노령연금액을 인상할 수 있습니다. 자녀 2명은 12개월, 3명 이상은 1인당 18개월씩 추가해 최대 50개월까지 인정됩니다.

④ 연말정산 혜택

자녀 2명까지는 1명당 연 15만 원, 3명부터는 1명당 연 30만 원 세액공제를 받을 수 있습니다. 6세 미만의 자녀가 2명 이상이라면 1명당 연 15만 원이 추가로 세액공제됩니다.

⑤ 전기, 도시가스 할인

자녀 또는 손자녀 3명 이상 가정은 전력 사용량과 관계없이 월 전기요금의 30% (1만 6천 원 한도)를 할인받을 수 있으며, 도시가스가 12월~3월까지 월 6천 원, 4월 ~11월까지는 월 1,650원 할인됩니다.

⑥ 자동차 취등록세의 면제 범위 확대

만 18세 미만 자녀가 3명 이상인 경우 먼저 감면 신청하는 1대에 대해서 7인승 이하 승용차는 취등록세 140만 원까지 감면, 7~9인승 승용차와 11~15인승 승합차와 1톤 이하 승합차는 취등록세 200만 원까지 면제가 가능합니다.

⑦ 기차요금 할인(다자녀 행복가족 등록)

만 25세 미만의 자녀가 3명 이상인 다자녀 가정의 경우 한국철도공사 홈페이지에서 다자녀 행복가족에 등록하면 어른은 30%, 4세 미만 유아는 최대 2명에 한해 어른 운임비의 75%까지 요금 할인을 받을 수 있습니다.

⑧ 국가장학금

셋째 이상 자녀에게만 가능했던 기존 다자녀 국가장학금이 다자녀 가구의 모든 자녀에게로 확대되어 3자녀 이상을 둔 가족이라면 3자녀 모두 국가장학금을 받을 수 있습니다.

⑨ 다자녀 주택 특별공급

민법상 미성년자인 3명 이상의 자녀를 둔 무주택세대구성원이라면 1회에 한해 특별 분양을 받을 수 있습니다.

한 방을 바라기보다는
꾸준한 가계부 관리가 우선입니다

#월390만원 #경제습관 #비트코인과 #종신보험은 #신중하게

재무상담 전

[정기지출]	
월세	70만 원
관리비	8만 원
교통비	15만 원
휴대폰 ·인터넷·TV	24만 원
식비	150만 원
보험 (종신·암·실손·운전자)	54만 원
친구모임	3만 원
생필품	15만 원

[비정기지출]	
경조사·휴가비용· 의류·미용	30만 원

[비소비성지출]	
월 잉여자금	8만 원
남편 주식잔고	4,280만 원

재무상담 후

[정기지출]	
관리비	5만 원
교통비	15만 원
휴대폰 ·인터넷·TV	9.4만 원
식비	80만 원
보험 (종신·암·실손·운전자)	17만 원
친구모임	3만 원
아내 용돈	20만 원
남편 용돈	15만 원
영어학원비	25만 원

[비정기지출]	
경조사·휴가비용· 의류·미용	30만 원
생필품	15만 원

둘이 아니면 힘들까요? - 외벌이 부부의 재테크

비트코인 잔고	8,450만 원

[비소비성지출]	
주택종합청약저축	10만 원
연금	30만 원
펀드	30만 원
저축	70만 원
월 잉여자금	2.6만 원
자유저축 통장잔고 (투자상품 해지)	730만 원

연상 연하 커플인 정미, 영훈 씨 부부는 같은 회사의 직장동료였습니다. 잠깐의 투자로 수익을 봤던 영훈 씨는 이참에 회사를 그만두고 전업투자로 전환해 보증금까지 투자해 열을 올리지만, 수익은 만만치 않은 상황입니다. 대기업에 다니는 아내의 외벌이(월 390만 원)로 생활하고 있지만, 매월 소득이 마이너스 100만 원에 달해 저축을 할 수 있는 상황이 아닙니다.

현재 결혼식을 히진 않았지만 양가 부모님들의 인정하에 같이 살고 있으며, 결혼과 자녀 계획은 아직 없습니다. 식사는 전부 밖에서 사 먹고 있습니다. 당연히 미래에 대해 고민하고 있지만 아내의 출산 또는 육아휴직 시 정기적인 수입원이 없어지기에 무엇을 어떻게 해야 할지 몰라 고민입니다.

비트코인 투자가 활성화되었을 때 영훈 씨는 비교적 소액인 500만 원으로 가상화폐에 투자해 몇 배의 시세차익을 실현한 경험이 있습니다. 회사생활에 심한 염증을 느끼던 영훈 씨는 그 길로 회사를 그만두고 전업투자자의 길에 들어섰습니다. 전업투자를 하게 되면 집에서 거래가 끝나는 시간에 맞춰 집안일을 도와주고, 투자에 성공하면 빌딩도 아내 명의로 사서 조기 은퇴를 시켜주기로 했습니다.

영훈 씨는 총 1억 5천만 원의 자금으로 투자를 시작했고(기존의 전세 자금을 월세로 돌림), 나름 분산투자를 한다고 주식에 5천만 원, 가상화 폐에 1억 원을 넣었습니다. 그러나 주식과 가상화폐는 잠깐 반짝이더니 급기야 고꾸라지기 시작했고, 최근 들어 손실을 조금 만회하고 있는 상황입니다. 이에 영훈 씨는 아내가 재무상담을 한다니까 줄일 거 줄인 돈으로 추가투자를 하자고 했다고 합니다. 단기간에 '한 방'에 성 공해서 빌딩 주인이 될 수 있다고 생각한다는 것입니다.

재무상담 경험상 잘못 흘러가고 있는 지출의 부분을 정리해주면, 100% 그 돈으로 재투자해 리스크를 더 키우는 경향이 많습니다. 신혼부부의 기본적인 재무상황과 지금 투자하고 있는 상품의 상황을 열거하고, 현재 부부의 재무 문제점인 과도한 월세 지출을 해결할 수 있는 유일한 방법이 투자금액 줄이기라는 것을 설명했습니다.

남편은 그 자리에서는 동의했지만, 하루 지난 뒤 아내에게서 전달된 내용은 재투자해 빨리 본전을 되찾고 그렇게 한다는 말이었습니다. 3주에 걸쳐 많은 설전과 논의가 있고 나서야 재무상담을 마무리 할 수 있었습니다.

신혼부부가 가져야 할 경제 습관

✔ 지금 당장 저축을 시작하자

생활비를 제외한 모든 금액을 저축하고 그 저축으로 투자해서 돈을 불려야 합니다. 아끼고 모으는 저축은 모든 재테크의 기본이죠. 선지출 후저축이 아닌, 선저축 후지출을 습관화해야 합니다. 생활비 등 정기적인 지출을 조절하고 나머지를 지정한 후 곧바로 저축해야 합니다. 이 부분은 사회초년생이든 신혼부부든 모두에게 동일합니다.

처음에는 급여의 30% 이상은 반드시 저축한다는 생각으로 실천하고 점차 50%, 나아가 진정한 경제적 자유를 얻기 위해서는 70% 저축까지 도전해야 합니다. 특히 사회초년생이나 맞벌이 신혼부부 같은 경우에는 무조건 소득의 50% 이상을 먼저 저축한 후 지출하는 방식으로 준비해야 합니다.

✔ 신용카드는 한 장만 사용하자

카드사의 실적주의로 무분별한 회원모집을 통해 신용카드가 남발되고 있는데, 특히 지인이나 동료에 의해서 어쩔 수 없이 신용카드를 신청하는 경우가 많습니다. 특히 주위 동료들만 해도 지갑에 신용카드가 여러 장 있는 경우가 많더군요. 신용카드는 각종 할인 혜택과 할부와 페이백 등으로 마치 한도가 크게 늘어난 느낌을 주어 과도하게 사용하게 됩니다.

마음껏 쓸 수 있는 카드가 있으면 자신도 모르게 마음의 여유가 생기게 마련입니다. 당장 현금이 없더라도 필요한 물건을 살 수 있고, 적립포인트로 할인을 받을 수도 있습니다. 그런데 이 포인트 속에는 함정이 숨어 있습니다.

카드를 잘 사용하면 많은 포인트로 지불을 절약할 수 있고 때로는 무료 쿠폰을 이용할 수도 있지만, 결국에는 그만큼의 소비가 이뤄져야 한다는 것입니다. 이로 인해서 예정에 없던 소비를 하다 보면 계획 없이 카드를 사용하게 되고, 점차 소비에 무감각해지면서 과도하게 카드를 사용하게 됩니다. 공제나 여러 혜택을 비교해본 후 자신에게 가장 필요한 카드 한 장을 제외한 나머지 카드는 체크카드를 사용하는 것이 좋습니다.

✔ 자동차 구입은 최대한 나중으로 미루자

취업을 하거나 결혼을 하게 되면 자동차에 대한 욕심이 생깁니다. 특히 남성들은 자동차에 대한 구매욕이 과시욕으로 발전되어 가고, 여성의 경우에는 집(아파트)에 대한 소유욕이 편리한 생활과 더불어 과시 형태의 욕심으로 발전됩니다. 요즘 자동차 리스 이용이 많이 증가하고 있다지만, 아직까지 자동차는 보통 할부로 많이 구입을 합니다. 여기서 발생하는 대출의 금리와 상환비는 은행의 이자보다 더 높아 저축에 상당한 방해가 됩니다.

또한 목돈을 마련해서 부채 없이 일시불로 구입했더라도 자동차는 한 번의 이벤트식 지출이 아닌 유류비, 세금 등 유지 비용이 지속적으로 들어가는 물건입니다. 또한 시간이 지날수록 가치가 떨어져 감가상

각비도 생각해야 합니다. 자동차 구입은 더 큰 이벤트(주택 관련)의 지출을 위해서라도 최대한 나중으로 미루는 편이 좋습니다.

✔ 되도록이면 돈을 빌리지 말자

모으고 불리는 것도 좋은 재무 습관이지만 부채를 지지 않는 게 가정의 재무환경을 가장 건전하게 유지할 수 있습니다. 물론 건전한 부채도 있습니다. 부부처럼 다달이 과도한 월세가 나갈 경우에는 전세자금대출을 받아서 월세보다 적은 금액의 이자를 내는 게 더 유리할 수도 있기 때문입니다. 그러나 되도록 가급적이면 돈을 빌리지 않는 것이 좋습니다. 특히 은행 외에 카드론 등의 대출이자는 은행금리의 10배가 넘습니다. 주택에 관한 목돈마련을 위해 주택 구입, 전세금, 월세 보증금 등의 목적으로 어쩔 수 없이 대출을 할 때도 최대한 목돈을 만들어서 최소한의 대출을 받도록 해야합니다.

누구나 새집에 살고 싶은 마음은 이해하겠지만, 가끔씩 신혼부부를 보면 아이도 없는데 대출의 한도를 끝까지 채워서 대출을 받는 경우를 더러 봤습니다. 저금리의 버팀목대출도 대출이자가 나간다는 걸 명심해야 합니다.

✔ 배우는 데 아끼지 말자

영훈 씨처럼 직장에서의 피로도가 쌓이면 그게 화근이 되어 돌이킬 수 없는 강을 건너버리는 경우가 있습니다. 좀 더 젊을 때, 즉 학습하던 습관과 노하우가 배어 있을 때가 학습에 대한 습득이 가장 빠른 시기입니다. 이때 자기계발을 해놓는 것은 추후 자신의 소득에도 굉장히 큰 도움이 되며 회사 업무로 쌓인 많은 스트레스를 해소하는 통로로도 쓰일 수가 있습니다.

'회사 업무만으로도 시간이 빠듯하다.' '배우는 비용이 너무 비싸다.' 등의 핑계는 나중에 자신을 정체시키는 악성종양이 됩니다. 돈만이 재산이 아닙니다. 공부하고 실천하며 배운 지식과 습관, 지혜 역시 자신의 소중한 재산입니다.

비트코인과 종신보험을 정리해 투자합니다

일단 부부의 재무상태에서는 매월 나가는 월세의 비용이 너무 아깝습니다. 물론 전세자금대출을 받아 월세 부담을 줄이는 것도 좋은 방법이지만, 현재 남편 영훈 씨는 이미 현금을 기반으로 한 투자자산이 있습니다. 또한 명확히 투자자산을 운용해서 수익을 낼 확신이 없고 기준도 없습니다.

현재의 투자자산의 자금을 그대로 주택의 전세자금으로 이동해서 월세 부담을 없애기로 했고, 불필요하게 사망보험금으로만 구성된 종신보험을 해지하면서 월 보험료도 경감시켰으며, 보험 해지환급금으로 휴대폰 할부금을 전액 상환하고 통신료 요금제도 줄였습니다.

재무상담을 진행하다 보면 정말로 종신보험을 연금보험이나 저축보험 나아가 투자형 연금보험으로 아는 사람들이 의외로 굉장히 많습니다. 하지만 종신보험은 연금보험과 엄연히 다른 상품입니다. 종신

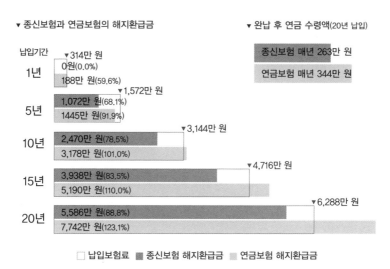

자료: 금융감독원

보험은 유족들이 사망보험금을 받는 걸 목적으로 하는 사망담보를 주 계약으로 해서 부가 특약인 암, 성인병, 질병, 수술특약을 추가해서 구 성할 수 있으며 특약에 가입하면 사망보험금을 연금으로 전환해 받 을 수 있습니다.

문제는 종신보험의 경우 보험료에서 한평생 사망보장을 하기 위해 위험보험료와 사업비가 차지하는 비중이 높기 때문에 연금 지급을 위 해 쌓이는 적립금이 많이 낮습니다. 반면 연금보험은 매달 연금을 받 을 목적으로 가입하는 상품이기 때문에 보험료에서 떼이는 위험보험 료와 사업비 비중이 종신보험보다 낮아 연금 적립금이 상대적으로 높 습니다.

정미 씨와 영훈 씨 부부는 우선 비트코인과 종신보험을 정리하는 것으로 불필요한 지출을 줄였습니다. 마지막으로 기존의 식비와 외식비의 문제점을 해결하고자 부부의 용돈 항목을 만들어서 식비와 분리해 한정된 자원에서 각각 지출을 하기로 했습니다. 그리고 다음의 솔루션을 제안했습니다.

주택마련을 위한 주택청약종합저축

부부의 추후 주택마련에 대한 가장 기본적인 조건 사항이기도 하고, 정미 씨의 지출 줄이기로 인한 소득공제 부분도 고려해서 청약통장은 10만 원씩 납입하는 것으로 가입했습니다.

· 주택청약통장

가입 대상	누구나 가입이 가능합니다(국내에 거주하는 재외동포를 포함해 외국인 거주자도 가입이 가능해졌으며 주택의 소유 여부와 연령에 가입 제한도 받지 않습니다).
납입 금액	2만~50만 원(단, 입금하려는 금액과 납입누계액의 합이 1,500만 원 이하인 경우 50만 원을 초과하여 입금 가능)까지 자유롭게 납입 가능합니다. 일반 적금과 비슷하거나 좀 더 높은 이율을 제공하고 있으며, 연체 없이 매월 약정납입일에 납입해야 유리합니다.
소득 공제	무주택 세대주의 경우 불입액의 40%, 연 240만 원 한도로 소득공제가 가능하므로 아파트 청약을 계획하지 않아도 절세차원에서도 매력적인 상품입니다.
취급은행	농협, 국민, 기업, 하나, 우리, 부산, 신한, 경남, 대구은행에 가서 가입할 수 있습니다(국민인 거주자는 주민등록증 또는 운전면허증 재외동포는 국내거소신고증, 외국인은 외국인등록증 소유).
기타	1계좌만 가입이 가능하며, 20세 미만 가입자는 청약을 할 수는 없습니다. 또한 비과세종합저축으로 가입 가능(본인한도 내)합니다.
주의 사항	물론 예금자보호법에 의하여 보호되지는 않으나, 주택도시기금의 조성 재원으로 정부가 관리하고 있어서 무엇보다도 안전한 상품입니다.

청약통장은 아파트를 분양받는 것이 주된 목적이지만, 지금처럼 은행의 금리는 내려가고 사교육비는 나날이 올라가는 시점에 군이 많은 금액의 대출을 받으면서까지 주택을 구입하는 건 리스크가 큽니다. 개인적으로 청약통장의 최고 활용법은 임대 및 장기전세주택, 그리고 공공 및 민영 아파트 분양을 받을 수 있는 것이라고 생각합니다.

청약통장(주택청약종합통장)으로 통합 운영되면서 1순위자가 너무 많아졌기 때문에 가산점을 얻을 수 있도록 되도록 빨리 가입을 해서 오랜 납입기간은 확보하는 것이 무엇보다도 중요하며 특별공급의 혜택도 잘 따져보아야 합니다(다자녀, 노부모부양, 생애최초, 신혼부부 등).

그동안은 청약통장 가입 후 수도권 1년, 지방은 6개월 이후에 1순위 조건이 충족되었으나, 정부의 8·2 부동산 대책 이후 투기과열지구와 조정대상지역에서는 청약통장 가입 후 2년이 경과하면 1순위 조건을 얻게 됩니다.

납입금에 따라 주택면적을 선택할 수 있는데, 85m² 이하 주택에 청약하려면 시울과 부산의 경우 300만 원, 기타 광역시는 250만 원, 기타 시·군은 200만 원의 예치금이 있어야 합니다. 또한 모든 면적에 청약하기 위해서는 서울과 부산은 1,500만 원 광역시는 1천만 원, 기타 시·군의 경우 500만 원의 예치금이 필요하죠.

8·2 부동산 대책 이후에는 청약 당첨 가능성보다 대출 규모 및 상환 계획에 초점을 맞추고 꼭 신규 분양만이 아닌 정부에서 추진하고 있는 임대주택을 잘 활용하는 것이 내집마련을 위해 청약통장을 활용하는 좋은 방법입니다.

종잣돈을 위한 배당주 펀드

적금의 금리만으로 종잣돈을 모으기에는 시간이 많이 걸립니다. 영훈 씨는 투자 경험은 많아 보였지만, 실제 투자상품에 대한 지식은 적었습니다. 그래서 배당수익도 같이 낼 수 있는 배당주 펀드로 목돈마련을 준비하기로 했습니다.

우리가 보통 주식 투자를 성공하게 되면 매매차익, 즉 자신이 처음에 주식을 매수했을 때의 가격보다 주식을 매도했을 때의 가격이 오를 시 얻을 수 있는 차익을 가져갈 수 있습니다. 그런데 배당 투자는 이런 주식 차익과 동시에 기업에서 해마다 회사의 이익금을 주주들에게 분배하는 배당금으로 인한 배당수익까지 가져갑니다.

그럼 배당이란 무엇일까요? 배당주 펀드는 배당수익률이 높은 종목들에 집중적으로 투자하는 펀드입니다. 우선 과거 배당성향을 고려해 목표치를 잡습니다. 주가가 예상 배당수익률 이상으로 상승하면 주식을 팔아 시세차익을 얻고, 주가가 오르지 않으면 배당 시점까지 주식을 보유하고 있다가 예상 배당금을 획득함으로써 주가 하락에 따른 자본 손실을 만회하는 펀드입니다. 이런 특징 때문에 연말 전쯤에 사고 연초에 팔라는 말이 있습니다. 그러나 결국엔 배당수익이라는 한 가지 목적에서 환매수수료와 보수 등을 제하면 짧은 기간 수익실현이 힘들기에 단기적인 운용 계획을 가지고 있는 투자자에게는 맞지 않습니다.

이렇듯 매매차익과 배당수익이라는 두 마리의 토끼를 잡을 수 있는 배당 투자이지만, 그냥 기업의 배당만 보고 개인이 직접 투자할 시에는 배당금뿐만 아니라 여러 요소를 고려(기업의 실적에 따라서 변동성이 큼)해서 투자해야 합니다. 그러므로 배당 투자는 단일 종목에 투자하는 것보다 간접투자로 인해서 여러 종목에 분산투자할 수 있는 배당주 펀드로 투자하는 것이 보다 효율적이고 안정적입니다.

배당주 펀드의 특징상 기본적으로 장기투자를 할 수 있어야 되고, 주가의 급등에 따른 단기적인 시세차익보다 현재의 정기예금에 만족하지 못하지만 안정적인 투자를 먼저 고려해 안정적인 투자수익(완만한 주가곡선)과 배당수익을 원하는 고객에게 맞는 상품입니다.

또한 배당주 펀드 선택 시 소형보다는 대형, 성장형보다는 가치형의 배당주 펀드가 성과가 좋았기 때문에 펀드 초보자는 전통적인 고배당 펀드로의 접근을 우선 고려해야 합니다.

노후를 준비하는 개인연금

신기하게도 부부 모두 개인연금에 대한 부분, 노후에 대한 니즈가 굉장히 강했습니다. 현재 아내의 소득만으로 생활하기에 30만 원이라는 금액으로 시작하지만, 추후 남편의 소득이 합산되었을 때 좀 더 비중을 높여서 준비하기로 했습니다. 또한 변액연금의 여러 펀드를 남편이 공부하며 직접 변경하게 해서 펀드에 대한 생각과 경험을 통한 경제공부도 함께 하려고 합니다.

나이가 들어 은퇴하게 되면 실버 재취업을 하지 않는 한 소득이 사라지거나 많이 감소하기 마련이므로 노후생활을 안정적으로 하기 위한 대비도 필요합니다. 노후생활의 안정을 위해 필요한 것 중 하나가 연금상품이며, 우리나라의 경우에는 국가가 보장하는 공적연금, 기업이 보장하는 퇴직연금, 개인이 준비하는 개인연금의 제도가 있으며, 각 상품마다 세액공제나 비과세의 혜택이 있습니다. 국민연금은 국민 개개인의 노후 생활에 필요한 최소한의 생활비를 보장해주기 위하여 국가적으로 시행하는 제도이며, 만 18세 이상 60세 미만인 자는 의무적으로 가입해야 합니다. 퇴직연금은 기업이 임직원의 노후 소득을 보장하기 위해 재직 중에 퇴직 급여를 별도의 금융 회사에 적립하고 근로자가 퇴직할 때 일시금 또는 연금 형태로 지급하는 연금을 말합니다. 개인연금은 본인의 희망에 따라 가입하는 사적연금으로서, 노후생활을 대비한 연금상품의 일종입니다.

그러나 지금의 형태로 국민연금이 계속 진행되었을 경우 베이비붐 세대 이후의 국민연금은 개인 용돈에 불과한 수준으로 떨어질 가망성이 높습니다. 많은 재테크 전문가들은 개인연금이 훌륭한 노후 대책이며 일찍 가입할수록 좋다고 하며, 요즘은 젊은 세대들의 개인연금 가입률이 상당히 높아졌습니다. 지출이 많지 않은 시기에 노후에 대한 일정 부분을 해결하려고 하는 이유도 있겠지만, 이는 자칫 잘못하면 돈이 묶여버릴 수도 있기에 상품의 기능을 잘 살펴보아야 합니다.

개인연금은 최대한 빨리 가입하는 게 유리하다고 하는데 왜 그럴까요? 먼저 시간입니다. 아이를 키우고 나서 뒤늦게 연금이 걱정되어서 연금을 준비하게 되면 50만 원을 준비해도 노후에 50만 원 받기도 힘듭니다. 내가 불입하는 기간보다 수령기간이 더 길기 때문이죠. 또한 연금준비가 늦으면 늦을수록 준비할 수 있는 상품은 한정적일 수밖에 없습니다. 결국 납입하고 수령할 수 있는 기간이 얼마 되지 않기에 리스크 문제로 투자상품을 들어갈 수가 없습니다. 이는 지금처럼 저금리 시기에 물가도 못 따라가는 상황으로 흘러가게 됩니다. 젊을 때 가입할 경우 시간이 리스크 헤지하는 기능으로 작용할 수 있기에 좀 더 과감히 공격적인 투자로 가져갈 수 있어 유리합니다.

확정이자형 상품 또는 저축은행상품

투자로 인해 신혼 초기에 비해서 조금 더 초라한 집으로 다시 이주했습니다. 향후 주택이 장만되든 좀 더 환경이 좋은 주택으로 전세로 이사를 가든 주택에 대한 비용이 발생하기에 저축(은행의 낮은 금리로 인한 저축은행)을 권유했습니다.

재무상담을 하다 보면 투자가 처음인 고객분들은 지금같이 은행의 금리가 물가를 따라가지 않을 때 투자상품으로 미래를 준비하는 게 맞는 말인지는 알면서도 막상 투자상품을 가입하는 것을 망설이게 됩니다. 그러나 지금 현실을 냉정하게 한번 살펴봅시다.

먼저 투자의 법칙 중에 '72의 법칙'이 있습니다. 내 자산이 투자하고 있는 상품에서 2배가 되는 데 걸리는 시간을 표현해주는 공식이죠. 예를 들어서 1천만 원의 자산을 은행의 2%대 예금에 투자하게 되면 이 돈이 2천만 원이 되기까지 36년이나 걸린다는 것입니다.

──── 원금이 2배 되는 시기 = 72/수익율(%)

72의 법칙으로 계산해보면 현재의 금리로 종잣돈을 만드는 것은 암담한 일입니다. 낮은 금리와 매년 올라가는 물가로 인해서 물가를 이자가 따라가지 못하는 마이너스 금리 시대가 된 지도 꽤 되었습니다.

전통적인 예금, 적금 위주의 투자방식으로 자산증대는 힘들어졌으며, 부동산 경기에 대한 의견도 상반되며 인구 수 절감과 분양시장의 과잉공급 등으로 미래 시장에 대해선 여전히 의문부호입니다. 주식시장 또한 높은 변동성으로 마땅한 투자처를 찾기 힘든 실정입니다.

복잡할 때는 기본으로 돌아가라는 말이 있습니다. 지금처럼 마땅한 투자처를 찾기 힘든 때일수록(명확한 확신이 오지 않을 때) 기간, 시간에 대한 분산 포트폴리오가 필요합니다. 성향과 나이에 따라서 약간의 차이가 있지만, 기본적으로 단기자금은 안전자산에 투자를 해야 합니다.

시중 은행금리가 물가상승률을 전혀 따라가지 못하는 상황에서 그나마 여러 조건들을 충족했을 경우 물가 헤지가 가능한 저축은행의 상품에 대해서 이야기를 나누고자 합니다.

시중은행의 금리가 연이율 1%인 현시점에 시중은행 예금금리에 만족하지 못하고 주식이나 펀드의 위험성을 감수하긴 싫고, 단기적인 목적의 재무목표가 있지만 안정적 투자성향의 상품을 선호하는 고객들이 있습니다. 이들의 요구를 만족시킬 연이율 마지노선 2%를 넘는 단기 안전자산 상품인 예·적금을 찾을 수는 없습니다.

지금처럼 저금리 기조에서는 이자소득에 대한 세금을 감면해주는 부분과세나 비과세 상품을 우선적으로 찾아야 하고, 그 후에는 조금 더 많은 이자를 주는 상품을 찾아야 합니다. 예금자보호(5천만 원)가 되는 상품 중에서는 서울의 저축은행보다 다소 불편하지만 지방 금융권의 상품이 더 높은 이율을 제공합니다.

예금상품 중에선 서울권이 아닌 지방권 저축은행에서 보다 높은 금리를 제공하는 경우가 많은데, 왜 많은 사람들이 이자가 낮은 1금융권 상품만큼 가입하지 않을까 생각해봤습니다. 아마도 2011년 저축은행 사태로 벌어진 신뢰문제라고 생각됩니다. 그 당시 큰 저축은행에 속했던 부산저축은행, 토마토저축은행 등 많은 저축은행들이 뱅크런(은행에 돈을 맡겨놓은 예금자들이 어떤 원인으로 한번에 모두가 돈을 찾으러 몰려드는 현상) 사태로 줄줄이 파산하며 자금순환을 하지 못함에 따라 부도처리가 되었고 5천만 원 이상을 예금한 고객들이 원금까지 다 날리게 되었습니다.

2011년 저축은행 사태를 겪으며 발길을 끊었던 고객들은 계속되는 저금리, 마이너스 금리 기소로 나시 저축은행을 찾고 있습니다. 지축은행의 금리가 높은 편이지만, 예전의 저축은행 사태로 생긴 불안감이나 시중은행의 부가서비스를 생각하면 금리만 참고해서 어떤 상품이 가장 유리한지 판단하기는 애매합니다. 먼저 특정 계층에게 우대하는 상품인지 아닌지부터 확인하는 게 우선이며 자신이 거기에 부합되는 상황인지 확인해야 합니다. 예금 중에는 가입기간이 길면 세전금리보다 높은 이율이 적용되는 것이 있기 때문에 가입기간별로 적용되는 금리를 잘 확인해야 합니다.

준비 없는 육아휴직,
돈 쓰는 게 눈치 보여요

#월390만원 #육아휴직 #아동수당 #보험리모델링

재무상담 전	
[정기지출]	
관리비·공과금	17만 원
식비·외식비	55만 원
생활용품	3만 원
유류비	8.5만 원
TV·인터넷	3만 원
통신비 (소액결제)	27만 원
정수기	2.7만 원
보험 (종신·실비·암· 태아보험)	62.5만 원
임산부 영양제	6만 원
남편 용돈	20만 원
아내 용돈	10만 원
전세대출이자	16만 원
친구모임비	8만 원

재무상담 후	
[정기지출]	
관리비·공과금	17만 원
식비·외식비	55만 원
생활용품	3만 원
유류비	8.5만 원
TV·인터넷	3만 원
통신비 (소액결제)	9.3만 원
정수기	2.7만 원
보험 (종신·실비·암· 태아보험)	40.5만 원
임산부 영양제	6만 원
남편 용돈	20만 원
아내 용돈	10만 원
전세대출이자	16만 원
친구모임비	8만 원

둘이 아니면 힘들까요? – 외벌이 부부의 재테크

문화생활비	3.6만 원
경조사비	15만 원
[비정기지출]	
여행 통장	10만 원
비상금 통장	10만 원
아이 출산준비 통장	20만 원
일 적금	0.5만 원
여행적금	15만 원
저축(납입정지 중)	65만 원
청약통장 예치중	840만 원

문화생활비	3.6만 원
경조사비	15만 원
[비정기지출]	
여행 통장	10만 원
비상금 통장	10만 원
아이 출산준비 통장	20만 원
여행적금	15만 원
CMA (육아휴직 중)	50만~100만 원 (남은 잉여자금)
청약통장 예치중	840만 원

임신으로 인해 8년 정도 일하던 직장에 육아휴직을 낸 남희 씨는 요즘 돈 쓰는 게 영 눈치가 보입니다. 육아휴직 전에는 본인이 번 돈으로 지출했지만, 지금은 남편의 소득만으로 살아야 해서 지출에 대한 스트레스를 받고 있습니다. 그녀는 요즘 들어 몇 가지 궁금한 점이 생겼습니다.

남희 씨는 며칠 전 태어날 아이에 대한 육아정보와 경품을 받기 위해 산모교실에 다녀왔습니다. 산모교실에 가면 좋은 정보와 공짜 경품을 많이 받을 수 있는 만큼 꼭 가야겠단 생각에 갔는데, 1부에선 모유수유에 대한 장점, 2부는 금융강의로 아이 출산 후 정부에서 받을 수 있는 혜택에 대해 설명해주면서 양육·아동수당을 아이 장난감 같은 거에 쓰지 말고 아이의 먼 미래를 위해 투자 겸 저축을 하는 게 좋다고 말해줬다고 합니다. 그러면서 '연복리 3%, 비과세 혜택, 추가납입 200%, 자유납입, 중도인출, 자녀 증여, 보장자산'이 가능한 상품 소개가 이어졌습니다. 진행자 말대로 아이를 위해 장난감이 아닌 저축을 하는 게 좋겠다는 생각에 금융상품에 가입하려고 하는데 이게 맞는 건지, 어떤 상품에 가입해야 할지 고민이라고 합니다.

외벌이가 되면서 남희 씨는 어떻게든 남편 월급 내로 지출을 줄여보고자 보험료를 관리해야겠다는 결심을 했습니다. 지금까지 결혼 전에 가입한 보험을 그냥 납입하고 있었는데, 소득이 줄면서 중복되거나 필요 없는 보험을 없애려고 부부가 가입한 보험 상품이 무엇인지 확인해보기로 했습니다. 그 과정에서 남편이 5년 전 대학 친구가 보험사에 취직했다며 가입했던 보험을 아직도 납입하고 있다는 것을 알게 되었습니다. 보장되는 내용이 사망밖에 없어 남희 씨는 당황과 함께 미리 관심 갖지 못하고 확인하지 못한 자신에게 화가 났다고 합니다.

그전에 미리 남편이 실비 관련 보험이라도 들어놨으면 지금쯤 보험료가 저렴했을 텐데, 이제 와서 다시 보험에 가입하면 더 높은 금액으로 가입을 해야 하니 남희 씨의 걱정은 이만저만이 아닙니다. 비싼 보험료를 내는데 보장되는 건 달랑 사망 하나라고 생각하니 이 보험을 해지해야 할지 계속 가져가야 할지 고민됩니다. 해지하면 그동안 낸 보험료까지 손해를 볼 게 뻔하고 앞으로도 계속 비싼 보험료를 내기에는 당장의 생활이 빠듯합니다. 과연 이들 부부의 재무상태에 맞는 선택은 무엇일까요?

출산과 육아기간 동안의 급여는 어떻게 될까요?

남희 씨의 질문에 대답하기 전에 출산휴가와 육아기간 동안의 급여를 같이 계산해보죠. 기본적으로 출산휴가 급여는 임신 중인 여성 근로자가 사업주에게 출산휴가를 부여받고 출산휴가가 끝난 날 이전에 고용보험료 가입기간(피보험 단위기간)이 통산 180일 이상 되어야 하고, 출산휴가를 시작한 날 이후 1개월부터 휴가가 끝난 날 이후 12개월 이내에 임금 지급을 신청해야 합니다.

출산전후휴가 중 1명인 자녀에 대해서 우선지원 대상기업(중소기업)의 근로자는 90일(600만 원 한도, 다태아 120일)의 급여가 국가(관할 고용보험센터)에서 지급되고, 대규모 기업의 근로자는 최초 60일(다태아 75일)은 사업주가 통상임금 전액을, 30일(다태아 45일)은 국가에서 근로기준법상 통상임금(출산전후휴가 개시일 기준) 상당액을 지급합니다. 우선지원 대상기업 근로자의 통상임금이 한도보다 많을 경우 60일에 대해서는 사업주가 차액을 지급해야 합니다.

우선지원 대상기업은 월 200만 원 한도로 고용보험에서 지원하고 차액은 사업주가 부담하는데, 남희 씨 같은 경우 200만 원은 국가에서 3달간 지급되고 현재의 급여 차액인 월 45만 원은 남희 씨의 회사에서 2달간 총 90만 원이 지급됩니다. 그럼 남희 씨는 출산휴가로 총 690만 원을 지급받게 되는 거죠.

만 8세 이하 또는 초등학교 2학년 이하의 자녀를 둔 모든 남녀 근로자는 육아휴직을 사용할 수 있습니다. 육아휴직 기간은 최대 1년이며,

자녀 1명당 1년 휴직을 쓸 수 있기 때문에 자녀가 2명이면 각각 1년 씩 2년 사용할 수 있습니다. 육아휴직을 원하는 근로자는 휴직 개시 예정일의 30일 전까지 사업주에게 육아휴직 신청서를 제출해야 합니다. 사업주는 근로자에게 육아휴직을 이유로 해고나 불리한 처우를 해서는 안 됩니다. 근로자가 육아휴직으로 인해 퇴직금 산정, 승진 및 승급 등에 있어 불이익을 받지 않도록 하기 위해 육아휴직 기간은 근속 기간에 포함됩니다.

육아휴직 후 최초 3개월간은 육아휴직 개시일을 기준으로 산정한 통상임금의 80%(상한 월 150만 원, 하한 월 70만 원), 이후 나머지 기간(4개월부터 종료기간까지)은 통상임금의 50%(상한 월 120만 원, 하한 70만 원)를 육아휴직 급여로 지급받을 수 있습니다. 단, 육아휴직 급여액의 75%만 매월 지급받고, 나머지 25%는 적립했다가 육아휴직 종료 후 6개월 이상 해당 사업장에 계속 근무한 경우에 일시불로 지급합니다. 그래서 남희 씨의 육아휴직수당은 첫 3개월 동안 245만 원의 80%, 즉 196만 원에서 상한액 150만 원이 적용되죠. 3개월 동안 450만 원이 지급됩니다. 4~12개월 동안에는 245만 원의 50%, 즉 122만 5천 원에서 상한액 120만 원이 적용되기 때문에 120만 원을 받습니다. 나머지 9개월 동안 1,080만 원을 받는 셈이죠(고용보험 홈페이지의 출산전후 휴가급여 모의계산에서 쉽게 계산해볼 수 있습니다).

이중 75%만 매달 지급되니 첫 3개월간은 337만 5천 원이, 4~12개월 동안은 810만 원이 지급됩니다. 육아휴직은 좋은 제도이나, 아직은 눈치가 많이 보이고 복직에 대한 두려움이 있는 건 사실입니다.

금융상품은 현명하게 골라야 합니다

자신의 가정에 매월 20만 원이라는 잉여자금이 있다고 가정해봅시다. 20만 원이라는 금액이 적다면 적은 금액이지만 아직 태어나지 않은 아이를 기준으로 20년간 저축한다면 불입되는 금액만 4,800만 원입니다. 결코 적은 금액이 아니죠.

물론 물가상승률로 인해서 화폐가치의 차이는 분명히 있겠지만, 현재 화폐의 기준으로 보면 한 아이의 대학 4년 동안의 등록금과 비슷한 액수입니다. 한번에 돈이 들어간다면 큰돈이라서 어디서 빌려야 되는 돈이고, 반기마다 학비를 낸다면 매월 100만 원씩 따로 준비를 해야 합니다. 그런데 미리미리 준비한다면 부담은 줄어듭니다. 그래서 그 어떤 투자보다 현명한 게 '시간'에 대한 투자입니다. 그런데 남희 씨가 보여준 브로슈어와 가입설계서의 '연복리 3%+비과세 혜택+추가납입 200%+자유납입+중도인출+자녀 증여+보장자산' 상품은 엄마의 종신보험입니다. 적절하지 않은 상품이죠.

현재 정부에서 지급되는 아이 양육수당과 계좌를 연계해주는 모 금융사의 적금상품은 우대금리 포함 5.5%의 이율을 주고 있습니다.

남편의 종신보험을 살펴보겠습니다. 종신보험의 연금전환 기능을 보고 종신보험을 연금보험으로 오인하거나 저축성 보험과 유사하다고 생각할 수 있으나, 종신보험은 말 그대로 종신보험으로 적립금이 좀 더 나오는 사망보험금으로 이해하는 게 빠를 것입니다.

종신보험은 노후자금 마련을 위한 저축성 보험이 아니며, 종신보험이란 보험가입 이후 평생 동안 보험가입자의 사망을 보장(사망보험금 지급)하는 보험입니다. 그렇기 때문에 평생 일정의 사망보험을 보장하기 위해서 계속 사망보험금에 따른 보장 비용이 빠져나가게 되어 있습니다. 사망보험금 1억 원 보장에 10만 원대 이상의 보험료가 빠져나가는 셈이죠. 여유 있는 삶이나 부동산 자산 등이 있어서 자녀에게 상속이 일어날 경우를 대비하기 위해서는 좋은 상품입니다. 그런데 2020년 대한민국의 가장들은 자녀의 사교육비 때문에 맞벌이를 하는데도, 부채 낀 주택을 사야 하고 노후 준비도 못합니다. 보험료 때문에 저축도 못하고 미래 연금도 대비하지 못한다는 건 말도 안 되죠.

자식이 성인이 되기 전까지 정해진 기간만큼 사망을 보장해주는데 보험료는 종신보험의 1/5도 안 되는 정기보험이 있습니다. 가끔가다가 종신보험을 연금으로 판매하는 사람들을 더러 봅니다. 종신보험의 경우 납입한 보험료에서 사망보험금 지급을 위한 재원인 위험보험료, 비용, 수수료가 차감되고 적립되기 때문에 10년 이상 보험료를 납입해도 적립금(해지환급금)이 이미 납입한 보험료(원금)에 미치지 못할 가능성이 높습니다. 또한 최저보증의 이율을 준다는 말로 유인해 안정형 연금보험이라며 이야기하며 판매하는데, 종신보험의 연금전환을 신청하게 되면 종신보험을 해지하고 해지 시 지급되는 해지환급금을 재원으로 연금을 지급하게 되기 때문에 일반적으로 같은 보험료를 납입한 연금보험보다 적은 연금액을 수령할 가능성이 높습니다.

줄어드는 상황에 맞는 지출을 계획하세요

현금흐름이 바뀌어 한동안 아내의 소득은 없습니다. 아내의 복직 부분은 1년 정도 출산을 하고 육아를 하면서 생각해봐야 합니다. 앞으로 1년 3개월 동안 급여가 줄어드는 만큼 거기에 맞추어 생활해야 합니다. 아내의 출산휴가 시 첫 2개월은 245만 원, 3개월째에는 160만 원 지급이 예상됩니다. 육아휴직을 한다면 첫 3개월은 150만 원, 나머지 9개월은 73만 5천 원이 지급될 것입니다. 휴직기간 동안 평균 117만 원의 급여가 예상됩니다.

현재 부부의 순수 지출액은 287만 1천 원이고, 부부의 비소비성지출 70만 원을 포함하면 매월 357만 1천 원을 지출하고 있습니다. 그런데 부부의 평균 급여는 한동안 347만 원입니다. 마이너스 10만 원의 갭이 발생하죠. 줄여야 합니다.

남희 씨는 이제 다음 달이면 출산을 합니다. 지금 갑자기 모든 걸 바꿔버리면 출산에도 영향을 끼칠 것 같아 휴대폰 소액결제만 현재의 지출 목록에 있는 비용 안에서만 지출하기로 결정하고, 남아 있는 소액결제액도 보험료 해지환급금으로 상환했습니다.

보험 같은 경우에는 태아보험을 굉장히 비싸게 가입했지만 아이 출산 후 특약을 조정하기로 하고, 남편의 사망보험금만 딸랑 있는 종신보험을 건강보험으로 교체하기로 했습니다. 추후 아이가 태어나고 나서 태아보험에 특약을 조정한 금액으로 남편의 정기보험을 들어 사망보험을 대체하기로 했습니다.

그래서 27만 원의 통신비는 9만 3천 원으로, 62만 5천 원의 보장성 보험료는 40만 5천 원으로 조정했습니다. 미래를 위한 줄이기죠. 이로써 39만 7천 원을 줄일 수 있었습니다.

부부는 건강한 아이를 출산한 후에 재무조정을 좀 더 해서 50%의 저축을 꼭 이루려고 합니다. 목표를 구체적으로 정해 현재의 상황을 파악하고 부족분을 준비하려고 하니 당연히 줄일 수 있는 건 '줄여보자'라고 바뀌었습니다. 이처럼 관점을 다르게 생각하면 스스로 많은 부분들의 답을 찾는 경우가 많습니다.

월급의 30%를 식비로?
어떻게 조정해야 할까요?

#월510만원 #자녀교육 #생활비줄이기 #문화공연비공제

재무상담 전	
[정기지출]	
관리비·공과금	16만 원
식비·외식비	150만 원
유류비·교통비	25만 원
통신비·인터넷	17만 원
의료비	5만 원
생활잡비	4만 원
교육비	50만 원
남편 용돈 (식비 포함)	30만 원
보험(어린이보험 포함)	14.5만 원
문화생활(관람료)	26만 원
[비정기지출]	
자동차 관련	100만 원
의류·신발·미용	45만 원
재산세	22만 원

재무상담 후	
[정기지출]	
관리비·공과금	16만 원
식비·외식비	100만 원
유류비·교통비	25만 원
통신비·인터넷	17만 원
의료비	5만 원
생활잡비	4만 원
교육비	50만 원
남편 용돈 (식비 포함)	30만 원
보험(어린이보험 포함)	14.5만 원
문화생활(관람료)	10만 원
[비정기지출]	
자동차 관련	100만 원
의류·신발·미용	45만 원
재산세	22만 원

명절	40만 원
여행비	200만 원
[비소비성지출]	
목돈마련 적금	50만 원
목돈마련 적금	20만 원
교육비 적금	20만 원
여행적금	10만 원
비상금 통장	150만 원
예금	3천만 원

명절	40만 원
여행비	200만 원
[비소비성지출]	
달러 적금	20만 원
골드 적금	20만 원
개인연금	20만 원
CMA	잉여자금
적립식 펀드(분산)	40만 원
예금	3천만 원

동진 씨와 희연 씨 부부는 이번 재무상담을 받기 위해 지출내역을 적어보면서 가정의 총지출액을 알고 깜짝 놀랐다고 합니다. 특히 식비, 외식비, 간식비 부분이 충격이었다고 합니다. 아이가 있어 간식비가 많이 나가고 있을 것이라고 예상했는데, 총식비가 월급의 30%를 차지하고 있었습니다. 부부의 재무목표 1순위는 아이가 초등학교에 들어갈 때쯤 교육열이 지금보다 더 높은 지역으로 이사를 가는 것입니다. 현재 아파트 시세가 그다지 좋은 편이 아니라 교육열이 높은 지역으로 이사 시 대출을 받아야 할 것 같습니다. 이들 부부는 대출을 적게 받기를 원하는데, 지금부터 3년간 어떤 식으로 모아야 할까요?

━━ 인적사항: 김동진(43살), 이희연(40살), 김시연(5살)

월 지출 현황: 김동진 급여 510만 원(상여 없음)

재무목표: ① 이사 ② 노후 월 250만 원

• 통계청 가구당 월평균 가계지출(전국, 1인 이상)

가계지출 항목별	2018년		
	전체가구	맞벌이	맞벌이 외
가구원 수(명)	2.43	3.18	2.16
가구분포(%)	100.00	26.24	73.76
가계지출(원)	3,326,764	4,542,328	2,894,282
소비지출(원)	2,537,641	3,370,931	2,241,167
비소비지출(원)	789,123	1,171,397	653,114

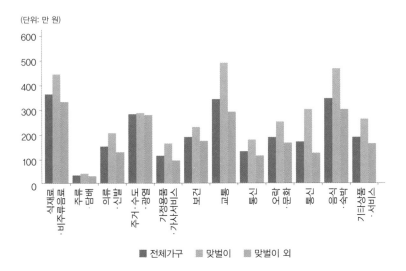

가계부를 정리하면 지출 목록을 통해서 하루하루 지출의 패턴과 변화를 읽을 수 있으며(예를 들어서 특정 요일에 맥주나 술을 먹었다거나 특정 요일에 늦어서 택시를 탔다는 등) 이를 통해서 짜임새 있는 소비를 할 수 있고 저축을 할 수 있는 습관이 저절로 생깁니다.

이처럼 가계부를 쓰는 이유는 명확하죠. 자신의 현금흐름을 파악해서 지출을 줄여나가고 저축을 하기 위함인데, 그러기 위해서는 지출의 흐름이 눈에 보여야 합니다. 분류한 항목별 지출내역을 통해 어떤 항목에서 줄일 수 있는지를 1차적으로 파악하고, 2차적으로는 줄이기로 한 항목의 지출 목록을 하나씩 재정리 또는 복기해 충동적 소비였는지 판단합니다. 의미 없는 항목 등의 지출을 추려서 줄일 수 있는 세부 항목과 줄이기 힘든 세부 항목을 분류한 뒤 예산안을 정하는 것입니다. 이처럼 정리를 통해 고정지출(식비, 통신비, 보험료, 생필품, 교육비 등)을 파악하고 예산안을 정하는 것이 가계부 정리의 가장 핵심입니다.

가계부를 통해 좀 더 디테일하게 정리해 모으고 싶다면, 지출하는 영수증에 무엇 때문에 소비를 했고 어떠한 항목인지 표시하고, 영수증을 따로 모으게 되면 두고두고 지출 목록에 대한 부분이 기억되면서 좀 더 계획적인 소비 습관, 돈(수입과 지출)에 대해 진지한 자세로 접근할 수 있는 장점이 극대화됩니다.

영수증을 보며 새는 돈을 점검해주세요

부부의 식비 목록을 하나씩 점검하다 보니, 식재료 부분에서는 마트에 갈 때마다 아이의 간식에 대한 생각으로 과도하게 지출하는 경우가 많았습니다. 이 품목들은 아이의 간식보다 냉동실에 있다가 음식물 쓰레기로 버려지는 비율이 더 높았죠. 아이 셋의 아빠로서 저 또한 식자재비를 줄이는 것에 대해 많이 고민하고 여러 시도도 해보았는데,

결론은 이런 성향의 사람들은 아예 마트에 가지 않는 게 맞습니다. 현금을 들고 시장에서 필요한 양만큼만 사고, 대용량의 물건을 살 때는 마트의 인터넷 쇼핑몰에 들어가서 가격을 비교하고 구입하는 게 제일 맞는 방법이었습니다. 그러나 시장보다 마트가 접근성이 용이해서 활용해야 된다면 다음의 몇 가지를 주의해봅시다.

✔ 마트 가기 전 전단지는 무시하라

전단지는 소비자를 마트까지 오게 만드는 상술입니다. 전단지에 현혹되어서 마트에 갔다가 필요 이상의 지출을 했던 경험이 다들 있을 것입니다. 또한 마트의 특가 세일은 한정적 수량으로 판매하기에 결국 필요한 물품도 구입하지 못하고, '마트 온 김에'라는 생각으로 예상 외의 지출만 하게 됩니다.

✔ 마트 가는 횟수를 줄여라

우리나라에서 처음으로 홈플러스라는 마트가 생겼을 때는 카드 미는 것마저도 재밌었습니다. 이제는 집 앞에 이케아와 코스트코, 프리미엄 아울렛이 붙어 있는데, 한 번 가게 되었더니 으레 주말 코스가 되었습니다. 이처럼 마트도 중독성이 있어 습관적으로 가게 되는데 쓸데없는 지출을 막으려면 마트 가는 횟수를 정해서 간다든가 냉장고에 식재료들이 다 떨어질 때쯤 간다라는 원칙을 정해두고 가는 게 좋습니다.

✔ 시장은 혼자서 가라

어릴 때 엄마가 시장에 갈 때 따라가는 게 너무 좋았습니다. 사과나 도넛, 지짐 같은 걸 먹을 수 있어서 좋았고, 가끔씩은 생각지도 않았던 신발까지 얻을 수 있어서 너무 좋았습니다. 그게 정인 줄로만 알았습니다. 정은 맞는 것 같은데 확실한 건 가족들과 마트를 가면 식재료가 아닌 군것질거리를 자꾸 골라서 통제가 안 됩니다. 또한 지인이랑 가게 되면 "요즘은 ○○이 유행이다." "내가 이거 써봤는데 좋더라." 등의 유혹으로 원래 사려는 상품보다 더 많은 것을 소비하게 됩니다. 그래서 식비를 절약하고 싶을 때는 혼자 구매 목록을 정해놓고 구입하고 바로 집으로 돌아오는 게 정석입니다.

✔ 마트 안에서 쇼핑카트를 밀지 마라

마트의 쇼핑카트 또한 인간의 '채우기' 본능 때문에 자꾸자꾸 구매품이 늘어나게 됩니다. 마트의 쇼핑카트가 커질수록 쇼핑당 지출 규모가 늘어납니다. 그렇기 때문에 마트에 가서 바로 카트를 끌고 물건을 담지 말고, 일단은 구매 목록을 들고 간 다음 물건의 가격이나 상태를 본 후 카트를 끌고 와서 물품을 구입하는 게 현명합니다.

✔ 현금을 들고 가라

마트에 가면 시간대별로 큰 폭의 세일 품목이 있습니다. 기가 막히게도 직원의 큰 세일 소리에 사람들이 몰리게 되고, 군중심리에 의해서 내 손도 상품에 가 있는 경험을 해봤을 것입니다. 이처럼 충동적인 소비로 이어진 식자재품들의 대다수는 냉동실에 있다가 쓰레기통으로 직행하는 경우가 많습니다. 그러기 때문에 마트를 갈 때는 카드 대신 현금을 들고 가서 충동소비를 억제하는 것도 굉장히 중요합니다.

놓치기 쉬운 제도를 확인하세요

재무상담을 신청해서 고객들을 만나보면 크게 세 가지 정도의 지출이 문제되는 고객들을 만납니다. 첫 번째 무리한 내집마련으로 인해서 은행 대출 빚으로 허덕이는 가구, 두 번째 소득 대비 너무 많은 보험료를 내고 있는 가구, 세 번째 통장 쪼개기가 잘 안 되어 있는 가구 등으로 크게 분류됩니다. 동진, 희연 씨 부부는 남편 동진 씨의 급여일에 고정지출, 비정기지출, 각종 저축 등 모든 부분들이 통장 쪼개기가 되어서 분류됩니다. 하다못해 비상 예비비도 예금과 비상금으로 분류되어 있습니다.

보험 부분도 회사 단체보험의 부족 부분민 가입을 해서 불필요하게 보험료 지출이 나가지도 않습니다. 또한 아이의 교육 때문에 몇 년 후 이사 계획은 있지만, 퇴직금 중간 정산과 저축의 만기금으로 현재의 집에 대출은 없습니다.

문제는 노후연금에 대한 준비가 되어 있지 않다는 것과 주택 확장을 했을 시기에 아이 교육비의 지출도 커지기에 주택 이사 시 대출의 비율을 최대한 줄이기 위해서 현재의 생활비에서 일정 부분을 줄여서 노후도 준비해야 한다는 것입니다. 저축도 좀 더 하고 싶어 합니다.

부부의 가계부를 보니 절반 이상 버리는 아이의 간식비와 식재료비가 식비의 30%를 차지하고 있는 게 눈에 띄었으며, 아이에게 좀 더 많은 문화 혜택을 주기 위해서 놀이공원에 가서 쓰는 비용이 만만치 않다는 걸 점검을 통해서 알게 되었습니다.

더 줄일 수 있는 게 있나 살펴보니 통신비가 눈에 띄었습니다. 17만 원이나 지출되는 통신 비용은 알고 보니 부모님 것까지 지출하고 있어서 오히려 굉장히 절약하며 지출을 하고 있었습니다.

부부의 지출 중 간식재료품 및 식자재비와 문화생활로는 일정 금액을 정해놓고 지출하기로 정했습니다. 그것보다 부부는 지난 한 해 동안 많은 문화생활비를 지출하고 있었지만 도서·공연비에 대한 소득공제를 모르고 있었죠.

✔ 놓치고 있는 제도: 도서·공연비 소득공제

도서·공연비 소득공제는 영화를 제외한 도서·공연비의 소득공제가 연간 100만 원까지 가능한 제도인데, 다시 한번 정리하자면 연간 총급여 7천만 원 이하의 근로소득자 중 신용카드 사용액이 총급여의 25%를 초과하는 근로자가 공연 관람이나 도서 구입비에 사용한 비용에 대해서 연간 100만 원 한도 내에서 30%의 공제율을 적용하여 공제해주는 제도입니다. 자세한 내용은 문화비 소득공제 홈페이지(www.culture. go.kr/deduction)를 참고해주세요.

은행(25일)

급여 통장	
510만 원 (순수 월수령액)	
동진	510만 원

1년간의 비상자금을 월 환산으로 책정한 금액과 여행자금 등이 있기에 부족분 25만 원을 매월 CMA로 이동

CMA(25일): 기존 예비비 3천만 원은 긴급 예비비이며, 현재의 비정기지출 통장에 150만 원이 남아 있음

비정기지출 자금통장	연간지출 840만 원
자동차 관련	100만 원
의류·신발·미용	45만 원
재산세	22만 원
명절비	40만 원
여행비	200만 원

은행, 증권사(25일)

비소비성 통장	
203만 4천 원 (비정기지출을 위한 CMA 이동금액 25만 원 제외)	
안정형 비율	80%
투자형 비율	20%
저율과세 및 비과세 비율	66%
노후 비율	10%

은행(25일), 체크카드 사용

정기지출통장	
271만 5천 원	
관리비·공과금	16만 원
식비·외식비	100만 원
유류비·교통비	25만 원
통신비·인터넷	17만 원
의료비	5만 원
생활잡비	4만 원
교육비	50만 원
남편용돈 (식비 포함)	30만 원
어린이보험 및 보험	14만 5천 원
문화생활	10만 원

재무목표에 맞게 재무관리 시스템 만들기

물론 현재의 선호하는 지역에 전셋집으로 들어가고 현재 집을 세 주면서 부족분만 전세자금대출을 받아서 이사를 가도 되지만, 부부는 향후 미래의 주택 가치도 선호지역이 훨씬 높다고 생각합니다. 짧으면 4년, 길면 6년 안에는 이사를 해야 하기에 현재의 저축률보다 더 높게 준비해야 합니다. 또한 동진 씨의 재무 1순위인 연금 부분을 고려해야 합니다. 개인연금이나 개인퇴직 계좌 또한 준비되지 않았기에 작게나마 연금을 가입한 후 추가납입을 통해서 일정 준비 부족분을 채워나가야 합니다.

PART 04

함께 목표를 이루어가요

–

맞벌이 부부의 재테크

맞벌이 부부의
새는 지출 찾아내기

#월590만원 #지출줄이기 #신용카드가 #문제다

재무상담 전		재무상담 후	
[정기지출]		**[정기지출]**	
관리비·공과금	25만 원	관리비·공과금	25만 원
식비·외식비	80만 원	식비·외식비	80만 원
휴대폰·TV·인터넷	17만 원	휴대폰·TV·인터넷	17만 원
자녀교육비	85.6만 원	자녀교육비	85.6만 원
모임비	30만 원	모임비	0원
보험료	72.5만 원	보험료	35만 원
정수기	1.8만 원	정수기	1.8만 원
남편 용돈	30만 원	남편 용돈	30만 원
아내 용돈	30만 원	아내 용돈	30만 원
자동차 유류비	40만 원	자동차 유류비	40만 원
친정엄마 (아이돌봄)	70만 원	친정엄마 (아이돌봄)	70만 원
[비소비성지출]		**[비소비성지출]**	
적금	30만 원	적금	30만 원
연금저축	14만 원	연금저축	14만 원

함께 목표를 이루어가요 - 맞벌이 부부의 재테크

대출상환	58만 원
[누수지출]	
경조사비	15만 원
명절비·생산비	25만 원
여행비	35만 원
교통비(아내)	13만 원
자동차 관련	10만 원
생필품	5만 원
의류비	30만 원
이·미용비	6만 원
건강보조	10만 원
인테리어 (일시적 지출)	200만 원

개인연금(투자형)	10만 원
발행어음	28만 원
채권형 펀드	10만 원
적립식 펀드	20만 원
대출상환	58만 원
[비정기지출]	
경조사비 (상여금에서 지출)	15만 원
명절비·생산비 (상여금에서 지출)	25만 원
여행비 (상여금에서 지출)	15만 원
교통비(아내)	5만 원
자동차 관련	10만 원
생필품	5만 원
의류비 (상여금에서 지출)	15만 원
이·미용비	6만 원
건강보조	10만 원

민지 씨와 훈영 씨 부부는 현재 초등학교 3학년과 1학년 딸 둘을 둔 맞벌이 가정입니다. 그동안 회사 일이 바쁘다는 이유로 가정의 재무상 태에 신경을 쓰지 못했다고 합니다. 그런데 주변의 다른 부부들이 외 벌이고 자신들보다 급여도 적은데 오히려 적금을 더 많이 하고 내집마 련까지 하는 걸 보고 가계를 걱정하게 되었다고 합니다.

부부는 소득이 그렇게 적은 편도 아니고 명품이나 쇼핑을 좋아하 지 않는데도 매월 카드값이 200만 원 정도 나오는 게 이해가 안 된다고 합니다. 급여 대비 많은 지출 문제가 재무상담을 신청하게 된 결정적 이유입니다.

부부가 분석한 재무상태의 문제점은 고정지출이 많다는 것이었습니다. 또한 지출별 통장 분리가 안 되어 있어 한 통장에 모든 지출내역이 있으니 곧바로 분류해 파악하기 힘들고, 돈이 왜 나가는지 모르니 자연스레 적금에 들어갈 돈도 줄어 돈을 모으기 힘든 상황이 되었습니다.

부부는 아이돌봄에 대한 답례로 친정어머니에게 지출하는 비용은 줄이지 않기를 바랍니다. 이전에는 월 100만 원을 드렸지만, 아이들이 자라나면서 금액을 줄여 70만 원만 받겠다고 하셨다고 합니다. 일반적인 돌봄 서비스 이용료를 생각했을 때 상대적으로 낮은 금액을 드리고 있고 사랑과 정성으로 잘 보살펴주시기에 그 답례를 줄이고 싶지 않다고 합니다.

지출내역을 정리하면서 잉여자금이 생기기는커녕 줄지 않는 소비에 걱정만 생기는 상황입니다. 카드값 대부분은 식비와 교통비, 남편과 아내의 용돈이 차지하고 있는데도 새어나가는 돈을 막을 수 없다는 부부, 어떻게 해결해야 할까요?

어디에 지출되는지 정확히 알고 있나요?

현대에는 여성들이 사회진출 후 결혼과 출산을 해도 직장을 그만두지 않고 직장생활을 이어가는 경우가 많아졌으며, 업무의 강도도 높아졌습니다. 그러다 보니 부부 중 좀 더 꼼꼼한 배우자가 재무관리를 도

맡거나 각자 지출을 나눠서 관리하기도 합니다.

아내 민지 씨는 남편 훈영 씨보다 어리지만 회사에서 직급이 높고 업무강도도 셉니다. 그래서 가계관리를 남편에게 일임했습니다. 그런데 중요한 건 남편 훈영 씨도 꼼꼼한 성격이 아니고, 주택을 구입하고 나서는 돈이 생기는 족족 소비해버린다는 겁니다. 또한 부부 기준 연 2천만 원 정도의 성과급도 어디에 어떻게 지출했는지도 정확히 모릅니다. 일단 하나하나 지출 목록을 정리해봅시다.

이들 부부의 월 급여를 합하면 590만 원으로, 용돈 항목만 보면 소득 대비 높은 편은 아닙니다. 하지만 부부의 용돈이 적다고 지출을 절제하며 생활하는 건 아닙니다. 남편의 차량을 자주 이용한다고 해도 아내의 교통비가 따로 나가고, 지출을 정리하다 보니 각종 세금, 경조사, 여행비, 생필품, 의류비, 이·미용비, 의료비에 대한 부분이 정리되어 있지 않았습니다.

민지 씨가 가정재무에 대해 전혀 신경을 쓰지 않는다고 해서, 혹시나 훈영 씨에게 물어보니 훈영 씨 또한 정확한 지출경로를 찾지 못했습니다. 지금까지 부부의 신용카드로 많은 지출 부분을 해결했을 것이고, 급여와 2천만 원에 달하는 상여금까지 지출하며 생활해왔던 것입니다.

부부의 월 실수령액은 590만 원. 그런데 문제는 연 성과급 2천만 원까지 월수입으로 환산하면 약 167만 원이고, 월 총소득으로 환산하면 757만 원이 됩니다. 757만 원의 소득에 저축 30만 원, 세액공제 연금저축 14만 원이 미래를 위해서 준비하는 전부입니다(고객의 가계부상 대출상환 58만 원 제외). 한 달 내역을 가지고 소비성지출과 비소비성지출을 나눠보니 다음과 같습니다.

총 비소비성지출 102만 원 → 13.5%

총 소비성지출 630만 9천 원 → 83.3%

훈영 씨와 민지 씨 부부는 지출이 정말 많습니다. 어떻게 돈을 쓰고 있는지도 모른 채 지출을 하고 있었습니다. 지난해 일시적으로 나간 도배와 인테리어 필름 비용 200만 원을 제외한다 하더라도 한 달에 630만 원 이상의 지출을 하고 있었습니다.

두 자녀는 사교육비가 가장 많이 드는 입시생도 아닌데, 지출이 너무 많죠. 이런 경우에는 저축액을 정해놓고 지출을 하는 게 우선이며, 알게 모르게 지출이 많은 가정이기에 통장 쪼개기도 필수입니다. 물론 한번에 많은 부분을 줄일 때는 중도에 포기하기 쉬워 과한 지출과 잘못된 지출, 알게 모르게 빠져나가는 지출은 금액을 정해놓고 소비해야 합니다. 무엇보다 어느새 빠져나가는 지출 목록을 비정기지출 통장에서 기타 소모품으로 분류해 지출액을 정한 후 지출해야 합니다.

신용카드 지출을 줄이고 계획하세요

신용카드 지출을 줄이고 지출액을 정합시다. 다시 한번 강조하지만 한번에 많은 부분을 줄이면 문제가 생깁니다. 우선 저축과 100만 원 투자를 위해 지출을 줄이려고 한다면 다음 항목을 줄여보는 게 좋겠군요.

— 모임비 30만 원 → 0원(현재 비정기지출의 명절비·생신비와 일부 겹쳐서 용돈으로 해결)

보험료 72만 5천 원 → 35만 원(중복과 누수되는 보험 정리, 필요한 보장으로 수정)

교통비 13만 원 → 5만 원(아내의 택시비 줄이기)

의류비 30만 원 → 15만 원

여행비 35만 원 → 15만 원(의류비와 여행비 소비가 조금 많았던 한 해였고, 지출액을 정하고 소비하기로 함)

비용 합 180만 5천 원 → 70만 원(1차 줄이기를 통해서 자녀의 사교육비 마련을 우선으로 계획)

현재 부부가 순수 저축과 투자, 연금으로 지출하는 비용은 44만 원밖에 되지 않습니다. 그래서 이번 '실행'에서는 선저축과 추가 100만 원 투자가 목표였으며, 이를 위해 줄이기를 시도해보니 120만 5천 원 정도를 줄일 수 있었습니다. 모임비는 비정기지출 항목과 겹치는 부분이 있는 데나 식비 항목에서 부부의 모임 식사비도 포함했기에 각자의 용돈 안에서 해결하기로 합의했습니다.

또한 보험은 과하게 들어가는 적립금과 가장에 대한 책임기간 등을 고려해서 수정 및 보완, 해지를 했습니다. 여기서 중요한 건 단순히 보험료를 줄이는 게 아니라 빠진 보장 부분, 그리고 불필요하게 많이 나가는 부분을 수정하는 겁니다.

아내의 교통비는 대부분 택시비로 많이 지출되는데, 가끔 모임 후에 택시비로 나가는 지출 비용을 줄이기로 했으며, 여행비와 의류비는 금액을 정하고 쓰기로 했습니다. 만약에 추가 지출이 발생한다면 용돈을 줄여서 돈을 저축한 후 지출하기로 결정했습니다.

1차 줄이기를 통해서 자녀의 사교육비를 우선순위로 준비하기로 정하고, 두 번째는 부부의 노후, 세 번째는 대출상환으로 재무 순위를 다시 정리했습니다.

선저축 후지출의 재무관리 시스템

부부의 보험 해지환급금으로 2019년에 지출되는 비정기지출 자금을 마련했습니다. 또한 '선저축 후지출'의 시스템을 만들기 위한 줄이기를 시도해서 저축액도 늘릴 수 있었습니다. 앞으로 성과급의 일부는 중도 대출상환의 비용으로 쓰일 것입니다.

부부는 소득이 높기에 지금까지 지출이 어떻게 나가는지 관심이 없었습니다. 상담을 해보면 고객들은 돈에 대한 불편을 느끼거나, 남에게서 자극을 느낄 때 상담 신청을 한다고 합니다. 훈영, 민지 씨 부부는 지금부터 돈이 어떻게 지출되는가에 대한 흐름만 알게 되면 앞으로 좀 더 많은 돈을 모을 수 있습니다.

때로는 줄이는 것만이 능사가 아닐 때도 있습니다. 현재 자신의 상태와 상황을 다시 한번 점검하는 것도 정말 중요합니다.

• 훈영·민지 씨 부부의 재무관리 시스템 •

은행(급여일 10일, 25일)
은행계좌상 25일로 통합

급여 통장	
590만 원 (순수 월수령액)	
훈영	280만 원
민지	310만 원

성과급
2천만 원
(앞으로 상여금
으로 지출)

CMA(수시) 현재: 보험 해지환급금으로
비정기지출 통장 잔액 980만 원 마련

비정기지출 자금통장	연간지출 840만 원
명절비·경조사비	480만 원
의류비	180만 원
여행비	180만 원

은행, 증권사(25일)

비소비성 통장	
170만 6천 원	
안정형 비율	60%
투자형 비율	40%
저율과세 및 비과세 비율	72%
부채상환 비율	34%
노후 준비 비율	14%

은행(25일), 체크카드 사용

정기지출 통장	
419만 4천 원	
관리비·공과금	25만 원
통신비 (인터넷·TV 포함)	17만 원
식비 (외식비 포함)	80만 원
교육비	85만 6천 원
부부 용돈	60만 원
보험료	35만 원
정수기	1만 8천 원
교통비	5만 원
자동차 유류비	40만 원
친정엄마 (돌봄 비용)	70만 원

신혼부부 특별공급,
어떻게 준비하면 될까요?

#월600만원 #주택마련 #신혼희망타운 #종잣돈만들기

재무상담 전	
[정기지출]	
관리비	13만 원
식비·외식비	60만 원
생필품	5만 원
통신비·TV·인터넷	16만 원
남편 용돈	40만 원
아내 용돈	40만 원
부모님 용돈(양가)	100만 원
대출이자	25.7만 원
유류비·교통비	45만 원
문화생활비	10만 원
헬스 등 여가활동	10만 원
건강·실비보험	29만 원
[비정기지출]	
여행자금	30만 원

재무상담 후	
[정기지출]	
관리비	13만 원
식비·외식비	60만 원
생필품	5만 원
통신비·TV·인터넷	11만 원
남편 용돈	15만 원
아내 용돈	15만 원
부모님 용돈(양가)	100만 원
대출이자	25.7만 원
유류비·교통비	45만 원
문화생활비	5만 원
헬스 등 여가활동	10만 원
건강·실비보험	17만 원
[비정기지출]	
여행자금	15만 원

의류비 및 이·미용	35만 원
자동차 관련 비용	3.5만 원
경조사비	5만 원
[비소비성지출]	
저축보험(남편)	20만 원
저축보험(아내)	20만 원
청약통장(남편)	10만 원
펀드투자	20만 원
3년 정기적금	50만 원

의류비 및 이·미용	20만 원
자동차 관련 비용	3.5만 원
경조사비	5만 원
[비소비성지출]	
연금	30만 원
배당주펀드	30만 원
AB글로스 펀드	30만 원
금 펀드	30만 원
남편 청약통장	10만 원
아내 청약통장	2만 원
3년 정기적금	50만 원
발행어음	50만 원

2년 차 신혼부부 준호 씨와 영경 씨는 결혼 준비과정에서 가장 큰 걸림돌이었던 주택마련을 위해 몇 개월간 돌아다니다 전세 물량이 많다는 위례신도시에서 집을 알아보게 되었습니다. 결국 정비된 도시와 새집에 마음을 뺏겨 전세계약을 맺었습니다.

1년 1개월 정도 살면서 교통이 조금 불편한 것을 제외하고는 만족스러웠던 부부는 북위례신도시의 분양 소식에 청약을 넣어볼까 고민 중입니다. '2년에 한 번 전세금을 올려주는 것보다 청약에 당첨되어 대출을 받아 구매하는 게 낫지 않을까?' 생각하지만, 한편으론 대출로 인해 가계부에 빨간불이 켜지지 않을지 걱정도 됩니다. 부부는 커리어를 쌓고 돈을 더 벌기 위해 자녀 계획은 아직 세우지 않은 상태입니다.

집을 구입한다면 언제 사는 게 좋을까요?

작년까지만 하더라도 이 질문에 정확한 답은 "최대한 돈을 많이 모아서 감당할 수 있는 부채 비율일 때 사라."였으나, 올해부터는 바뀌었습니다. 집값이 계속 올라가서가 아니라 더 무서운 놈이 나타났기 때문이죠. 바로 '신혼희망타운'입니다. 신혼희망타운은 주변 시세보다 20~30% 싸게 살 수 있고, 정부에서 대출이자를 1.3%로 고정해서 자금을 빌려줍니다. 당연히 사야 합니다. 언제? 정부에서 말하는 신혼기간이 끝나기 전에 말입니다.

• 신혼희망타운 조건

구분		내용
기본 자격	신혼부부	공고일 현재 혼인 중인 사람으로서 혼인기간이 7년 이내인 무주택 세대구성원
	예비 신혼부부	혼인을 계획 중이며 공고일로부터 1년 이내에 혼인사실을 증명할 수 있는(혼인으로 구성될 세대구성원 전부 무주택) 분
	한부모가족	6세 이하의 자녀(태아 포함)가 있는 무주택세대구성원(자녀의 부 또는 모로 한정함)
세부 공통 자격	소득기준	전년도 가구당 도시근로자 월평균 소득 120%(3인 기준, 월 648만 원 수준) 이하(배우자 소득 있을 시 130%, 3인 기준 월 702만 원 수준 이하)
	총자산기준	2억 9,400만 원 이하(2019년 적용기준)
	전용 모기지 가입기준	주택 가격이 총자산기준을 초과하는 주택을 공급받은 입주예정자는 입주할 때까지 '신혼희망타운 전용 주택담보 장기대출상품(수익공유형 모기지)'에 주택 가격의 최소 30% 이상 가입할 것

자료: 신혼희망타운

✔ 입주자 선정방식

분양형 신혼희망타운은 1단계(30%)에서 혼인 2년 이내 신혼부부, 예비 신혼부부 및 만 2세 이하(만 3세 미만을 말함) 자녀를 둔 한부모 가족에게 가점제로 우선공급합니다. 그다음 2단계(70%)에서는 1단계 낙첨자, 혼인 2년 초과 7년 이내 신혼부부 및 3세 이상 6세 이하(만 3세 이상 만 7세 미만을 말함) 자녀를 둔 한부모 가족에게 가점제로 공급합니다. 자세한 사항은 신혼희망타운 홈페이지(신혼희망타운.com/입주자선정방식/)를 참고해주세요.

✔ 시세 및 전매제한 기간

분양가는 주택가액의 70% 수준으로 위례신도시 및 수서역세권은 이미 수억 원의 시세차익이 예상되어서 '로또 분양'이라는 말이 나오고 있으며, 엄청난 경쟁률이 예상됩니다. 국토교통부가 설정한 전매제한 기간은 최대 8년, 거주 의무기간은 최대 5년입니다. 신혼희망타운의 대출소건도 파격적인데 정부는 분양가의 70%를 연 1.3%의 고정금리로 최장 30년까지 대출해줍니다.

그러나 현재 준호 씨 부부의 소득은 2인 맞벌이 가정의 소득을 상향합니다. 또한 부모님의 도움을 받긴 받아도 부동산 자산만 2억 2천만 원으로 자격 기준에 거의 다 찼다고 볼 수 있습니다. 현 상황에서 부부는 신혼희망타운에 들어가지 못할 수도 있는데, 가장 좋은 방법은 부양가족을 늘리는 전략으로 가져가는 것입니다.

하지만 부부 둘 다 영경 씨가 직장에서 조금 더 자리를 잡기를 원

신혼희망타운 Q&A

Q. 소득기준이 도시근로자의 외벌이 기준으로 120%라는 이야기는 월평균 소득의 12를 곱한 가격의 120%인가요? 또한 가정에 아이를 포함한 가구원별 금액이 달라지나요?

A. 가구원 수별 월평균 소득을 기준으로 합니다. 각 지역 주택모집공고가 나가면 1~3인 가정은 얼마라는 기준금액이 안내되니 모집공고를 통해 확인하면 됩니다. 현재 2인 가정인 신혼부부 기준으로 500만 원이며 여기서 외벌이 120%, 맞벌이 130%로 계산하면 됩니다.

위례·평택신도시 신혼희망타운 신혼부부 소득 기준

구분	3인 이하	4인 이하	5인 이하
외벌이 월평균 소득의 120% 적용	6,003,108원	7,016,284원	7,016,284원
맞벌이 월평균 소득의 130% 적용	6,503,367원	7,600,974원	7,600,974원

자료: LH청약센터

Q. 신혼희망타운 분양공고를 어디서 보면 제일 정확할까요?

A. LH청약센터 → 신혼희망타운에서 확인하면 됩니다.

해 우선 더 고민하며 차후의 기회를 보는 걸로 하고, 높은 지출 비율을 줄이려고 합니다.

우선 지출 비율을 줄여봅시다

부부의 가계부를 살펴보면 지출이 너무 많습니다. 월 소득은 600만 원이지만, 소득 대비 소비와 저축의 비율을 보면 다음과 같습니다.

▬ 소비 467만 2천 원 → 소득 대비 78%

　소축 120만 원 → 소득 대비 20%

아이가 없는 맞벌이 신혼부부의 저축률치고는 낮은 편입니다. 특히 부부는 소득도 낮은 편도 아닙니다. 평상시 한잔 한잔 먹는 술자리로 인해서 용돈이 외식비로 나가다 보니 지출도 통제되지 않을뿐더러 무엇보다 신용카드의 지출이 너무 높았습니다. 우선 신용카드를 다 폐기하고, 체크카드로 교체 후 지출 목록을 하나하나 유형별로 정리했습니다.

우선 식비 및 외식비는 줄이지 않지만, 범위 안에서 점심값, 술값을 해결하고 부부의 용돈을 줄이기로 했습니다. 휴대폰 요금은 새로 출시된 저렴한 요금제로 변경하고 인터넷과 묶어 할인을 받기로 했죠. 외식비로 두 사람의 술값을 해결하고, 신혼인 만큼 부부간의 시간을 더많이 가지기로 했습니다. 문화생활비는 통신사 혜택과 조조할인, 매월 마지막 주 수요일 문화의 날을 활용해 절약하기로 했고요. 보험료는 점검해 불필요한 특약을 삭제하고 적립보험료를 없앴습니다. 준호, 영경 씨 부부는 연애기간이 짧았기에 신혼기간에 여행도 자주 다니고 커플 옷도 많이 샀는데, 이제부터 여행과 의류 비용은 예산 안에서 활용하기로 했습니다.

얼마 전 가입한 10년 만기 저축보험은 무의미해 청약철회해 부부의 대출변제에 중점을 두고, 소득공제를 고려해서 투자상품을 제시 후 부부의 노후 준비와 주택마련을 가로저축 및 투자로 실행하기로 했습니다.

준호 씨와 영경 씨는 주택분양을 생각했다가 지출의 심각성을 공유했습니다. 많이 버는 것도 중요하지만 쓸데없는 지출을 줄이는 것도 중요합니다. 물론 신혼희망타운처럼 좋은 조건의 기회가 왔을 때 잡을 수 있는 투자에 대한 마인드도 필요하죠. 그러나 투자도 결국은 돈이 있어야 합니다. 종잣돈을 만들기 위한 가장 좋은 방법은 소득을 더 올리든가 지출을 줄여야 합니다.

한 가정, 두 개의 가계부, 괜찮은 걸까요?

#세후280만원 #210만원 #통장쪼개기 #대출상환

남편 재무상담 전	
[정기지출]	
주거비 (전기·가스·청소비)	16만 원
통신비	8만 원
카드비(용돈·생활비·비정기지출)	100만 원
교통비	10만 원
보험 (건강·실비·종신·암)	62만 원
주택대출 원리금상환	39.5만 원
[비정기지출]	
경조사비	10만 원
[비소비성지출]	
저축보험 (2년 납입 3년만기)	20만 원

남편 재무상담 후	
[정기지출]	
주거비 (전기·가스·청소비)	16만 원
통신비	4.8만 원
용돈	30만 원
생활비 ① (남편 통장으로)	35만 원
교통비	10만 원
보험 (건강·실비·암)	12만 원
주택대출 원리금상환	39.5만 원
[비소비성지출]	
개인연금	20만 원
주택청약저축	2만 원
펀드	20만 원
저축	30만 원

| 주택청약저축 | 10만 원 |
| 현금자산 | 200만 원 |

| 인터넷 은행 | 10만 원 |
| 현금자산 | 200만 원 |

아내 재무상담 전

[정기지출]	
통신비	8만 원
카드비 (미용비·의류비)	100만 원
교통비	10만 원
보험 (건강·실비·암)	34만 원
렌탈비 (비데·정수기)	4.5만 원
식대(구내식당)	15만 원
[비정기지출]	
세금	10만 원
[비소비성지출]	
저축보험 (2년 납입 3년만기)	20만 원
주택청약저축	10만 원

아내 재무상담 후

[정기지출]	
통신비	4.8만 원
교통비	10만 원
보험 (건강·실비·암)	14만 원
렌탈비 (비데·정수기)	4.5만 원
식대(구내식당)	15만 원
용돈	30만 원
생활비 ② (남편 통장 활용)	35만 원
[비정기지출]	
경조사비	10만 원
여행비	20만 원
미용비·의류비	20만 원
세금	10만 원

아이가 없는 맞벌이 가정인 희란 씨 부부. 아내인 희란 씨는 '가계부는 기록'일 뿐 지출을 줄이는 데 도움이 된다고 생각하지 않습니다. 가계부를 쓴 지 5개월이 지났지만 뭔가 나아진 것이 없을 뿐 아니라, '아, 이날 친구들을 만나서 이거 먹었지!' '이날은 남편이랑 영화를 봤

지.'라는 기억만 되살려주는 것뿐이라고 합니다.

그녀는 도대체 소득의 몇 %를 저축해야 할지 고민입니다. 많이 하면 좋겠지만 무작정 많이 하자니 숨이 막히고 안 하자니 양가 집안에 들어가는 경조사비가 너무도 많습니다. 매번 시중에 있는 돈으로 메꾸곤 했지만, 그럴수록 돈이 모이질 않는 것 같고 좀 억울하고 아깝다는 생각도 듭니다. 그러다 보니 늘어나는 건 카드값과 잔액 0원인 통장입니다.

1년에 양가 부모님 생신, 명절, 어버이날 총 7번의 행사를 챙기다 보니 결혼 2년 동안 모아둔 돈은 통장에 200만 원뿐입니다. 키에 맞는 적정 몸무게가 있듯 가계부에도 적정 지출 비율이라는 게 있을 것 같은데, 희란 씨는 가계부의 적정 지출 비율을 어느 정도로 해야 할지 고민입니다.

희란 씨 부부는 결혼할 때 '결혼생활 수칙' 각서를 작성했습니다. 그 내용은 ① 집안일 분담 ② 지출 분담 ③ 경조 관련 지침 ④ 기타 지켜야 할 사항 등입니다. '지출 분담'은 서로 살면서 꼭 지출해야 할 항목들을 나열해 정한 후 정해 각자가 맡아 내기로 한 것인데, 두 사람의 월급을 합쳐 생활비, 보험, 관리비, 용돈 등을 나눠 내는 거나 각자의 월급에서 항목을 정해 지출하는 게 별반 다르지 않다고 생각하기 때문입니다.

희란 씨 스스로도 생각보다 카드값이 많이 나가는 건 알지만, 용돈과 생활비를 따로 현금으로 사용하는 게 아닌 카드로 사용하기 때문에 막상 비교해보면 다른 이들의 지출액과 비슷할 거라고 생각했습니다. 현금이 아닌 신용카드를 사용하는 이유를 물어보니 소득공제를 위한 것도 있지만, 현금을 들고 다니는 것보다 카드가 편리하기 때문이라고 했죠.

남편 병진 씨의 카드는 일주일에 두 번 정도 부부 외식비와 남편 용돈으로 사용하고, 희란 씨의 카드는 개인 용돈과 화장품, 옷, 신발 등 구매 시 사용하고 있었습니다. 희란 씨는 카드 소비 항목과 관련해 '너무 유난 떠는 거 아니냐!'라고 생각할 수 있겠지만 여자라면 공감할 수 있는 내용이라고 말했습니다. 남자는 술과 담배로 돈이 많이 나가지만 여자는 화장품, 옷, 신발, 가방 등 저렴하게 구매해도 나가야 할 항목이 남자보다 많기 때문입니다.

대출상환은 왜 생각하지 않나요?

병진, 희란 씨 부부는 각자의 통장을 사용하면서 지출을 분리한다고 했지만, 정확한 지출의 분배가 아닌 각자의 소득에 맞춰 지출을 나누고 있었습니다. 또한 주택에 대한 부채상환이 28년이나 남았지만, 주택대출 중도상환에 대한 계획은 애초에 하지 않았습니다. 보통 재무상담을 하다 보면 너무나 빠듯한 지출로 인해 중도상환이 어려워도 마음속에는 늘 대출에 대한 상환을 염두에 두면서도 실천을 못하는 경우가 더러 있지만, 희란 씨 부부는 아예 대출상환에 대해 생각도 하지 않고 있었습니다.

부부의 재무문제는 대략 다음과 같습니다. 첫 번째는 대출 중도상환을 전혀 고려하지 않는 점, 두 번째는 부부 소득 대비 신용카드 지출이 너무 많다는 점입니다. 세 번째는 많은 부분을 신용카드로 소비하다 보니 어떠한 항목에 얼마의 지출이 있는지 모른다는 것입니다. 이런 부분은 나중에 정액화한 지출내역에서 소비 패턴을 보고 줄이기를 시도할 때 명확한 통계를 구할 수가 없어 지출 줄이기에 실패할 수 있는 만큼 명확한 가계부를 쓰는 습관부터 들여야 합니다. 네 번째는 생활비와 용돈의 지출 규모가 명확하지 않고 신용카드를 쓰고 있기 때문에 무절제한 소비 패턴을 보이고 있다는 점입니다. "나는 이렇기 때문에 이 정도 지출은 무조건 해야 한다."라는 건 틀린 생각입니다. 자신의 가용금액에 맞추어서 소비해야 합니다.

다섯 번째는 저축도 따로 지출도 따로인 점입니다. 1차 상담을 하는 동안 분명히 부부인데 꼭 연애를 시작하고 있는 연인, 즉 남남 같다는 느낌을 받았습니다. 보통 여행이나 경조사 등 가족에 관한 일이 많으니, 비정기지출만이라도 부부가 공동으로 함께 관리했으면 합니다. 그래야지 서로가 서로에게 경쟁하듯 지출하는 지금의 소비 패턴도 바뀔 것이며, 부부간 지출로 인한 대화가 많아질 것입니다. 각자 돈을 관리하는 것도 좋지만 공유할 수 있는 건 부부가 함께 공유해야 합니다.

여섯 번째로 부부는 자녀의 출산에 대해선 큰 관심이 없다는 것입니다. 그로 인해서 이 가정은 재무 이벤트 중에 자녀 양육비라든가 자녀의 교육비, 자녀로 인한 주택 확장에 대한 생각이 없고, 내심 조기 은퇴를 해서 연금을 받으며 편하게 살고 싶어 합니다.

그런데 막상 지출내역서를 보면 노후에 대한 연금상품이 전혀 없습니다. 재무상담 중 아내가 인터넷 카페를 통해 신청하게 된 식사와 함께하는 재테크 교육에서 부부의 종신보험과 2년 납입 3년 만기의 저축보험에 가입했다는 사실을 알게 되었습니다. 여태껏 이게 연금인 줄 알았다고 하는데 할 말이 없었습니다.

최소한의 가정경제 룰을 지켜보세요

부부는 재작년 빌라 구입으로 인해 주택 장만에 대한 걱정이 해결되었습니다. 또한 자녀에 대한 계획이 없기에 굳이 주택을 확장할 이유를 못 느끼며, 두 사람만 사는데 굳이 관리비를 내가면서 아파트에 입주하는 건 낭비라고 생각합니다.

신혼부부 같은 경우에는 보험의 점검이 꼭 필요하다고 생각이 듭니다. 부부에게는 각자 엄마의 친구분과 친척분의 도움으로 사회초년생 시절에 가입한 보험이 있는데, 부부에게는 조금 지나친 보험인 것 같아 적립금을 삭제하고 해약을 통해서 보험료 다이어트를 했습니다. 또한 고정 생활비 통장을 만들어서 범위 안에서 지출하기로 했습니다.

청약통장의 이율이 물가상승률을 따라가지 못하는 현재, 무주택 세대도 아닌 부부에게 월 10만 원씩 들어가는 청약통장은 무의미합니다.

그리고 현재처럼 월급에 맞추어 항목별로 통장을 분리하다 보니 정확한 지출내역이 어떻게 흐르는지도 모릅니다. 개인적으로 부부가 자금 운영을 분리하기보다는 일부 항목을 제외한 나머지를 함께 운영하는 게 좋다고 생각합니다. 그러나 재무상담이란 고객이 편해야 하기에 부부가 자금 운영하는 데에 있어서 최소한의 가정경제 룰을 정해주었습니다.

✔ 생활비 통장

각자의 월급에서 용돈과 교통·통신비를 제외한 모든 비용들이 모이는 통장입니다. 생활비 통장은 돈이 가장 많이 나가는 통장이기에 주거래 통장을 활용하는 것이 가장 이상적입니다. 또한 좀 더 많은 우대 혜택을 받을 수 있는 통장을 사용하고 부부 중 소득이 높은 사람의 급여 통장을 활용하는 것이 가장 효율적으로 사용하는 방법입니다.

✔ 용돈 통장

부부의 용돈 통장은 따로 분리되어 있어야 합니다. 그래야지 이벤트든 선물이든 경험할 수 있지 않을까요? 각자의 용돈에 대해 누구의 간섭도 없이 사용하고 개인의 용돈을 효율적으로 분리해서 계획적으로 소비할 수 있게, 각자의 용돈 통장은 따로 두어야 합니다(물론 용돈 통장을 다른 이상한 목적으로 쓰면 안 됩니다). 이렇게 용돈 통장을 분리하게 되면 비상금을 모으는 시간도 훨씬 빨라지며, 경쟁하듯 비밀스럽게 돈을 모으는 재미도 느낄 수 있습니다.

✔ 변동지출을 위한 비상금 통장

관리비, 대출상환, 생활비, 교통비, 통신비 등의 고정지출을 제외한 변동지출에 대비해 비상금을 한 달 생활비의 3배부터 길게는 6개월 치까지 준비해 변동지출 통장으로 만들어야 합니다. 경조사 비용과 가족 행사 비용, 명절 양가 부모님 용돈, 부부의 여행 비용, 병원 비용 등 변동지출을 함께 쓰는 통장이기에 부부가 같이 관리하며 활용해야 합니다.

갑자기 시부모님 노후를
책임지게 되었어요

#월790만원 #부모부양 #노후준비 #아이미래자금

재무상담 전		재무상담 후	
[정기지출]		[정기지출]	
아파트 관리비·공과금	28만 원	아파트 관리비·공과금	28만 원
식비·외식비	110만 원	식비·외식비	70만 원
통신비·TV·인터넷	19만 원	통신비·TV·인터넷	12만 원
육아 비용	15만 원	육아 비용	15만 원
한약 및 각종 건강보조제	42만 원	한약 및 각종 건강보조제	20만 원
정수기	2.5만 원	정수기	2.5만 원
유류비 및 교통비 (차량 2대)	70만 원	유류비 및 교통비 (차량 2대)	30만 원
가족보험(종신·실손 ·건강·자녀보험)	62만 원	가족보험(종신·실손 ·건강·자녀보험)	31만 원
연금저축(남편)	10만 원	연금저축(남편)	10만 원
연금저축(부인)	10만 원	연금저축(부인)	10만 원
기타 생필품비	10만 원	기타 생필품비	10만 원
주택담보대출이자	87만 원	주택담보대출이자	0만 원
남편 용돈	50만 원	남편 용돈	30만 원

부인 용돈	50만 원
시댁 부모님 용돈	50만 원
친정 부모님 용돈	50만 원
[비정기지출]	
명절·경조사비 (1년 통계치)	20만 원
이·미용비	10만 원
여행·휴가비	40만 원
자동차 관련 (2대 보험 및 수리)	17만 원
의류비	40만 원
[비소비성지출]	
청약저축(남편)	5만 원
수협 아이적금	10만 원
펀드	8,970만 원
입출금통장(상여금 쓰고 남은 금액)	2천만 원

부인 용돈	30만 원
시댁 부모님 용돈	50만 원
친정 부모님 용돈	50만 원
[비정기지출]	
명절·경조사비 (1년 통계치)	20만 원
이·미용비	10만 원
여행·휴가비	20만 원
자동차 관련 (1대 보험 및 수리)	9만 원
의류비	20만 원
[비소비성지출]	
청약저축(남편)	2만 원
아이 펀드	10만 원
펀드	대출상환
입출금통장(상여금 쓰고 남은 금액)	2천만 원
저축과 CMA (아내의 소득 전부, 차후 아내의 소득단절 대비)	290만 원
개인연금	50만 원
금 펀드	39만 원

진혁 씨는 요새 행복에 젖어 삽니다. 결혼 6년 만에 찾아온 복덩이 태혁이 덕분입니다. 늦은 나이에 아이를 출산한 만큼 힘들지만 행복합니다. 아이가 혼자 외로울 수 있다는 생각에 둘째를 생각 중입니다. 아이는 아내 민경 씨가 현재 육아휴직을 끝내고 복직한 터라 집 근처 사시는 장모님께서 맡아주고 계십니다. 1년 안에 둘째를 임신하고 출

산하게 되면 민경 씨가 회사를 그만두고 육아에 전념할 생각입니다.

며칠 전 진혁 씨는 강원도에 사시는 부모님의 칠순을 맞아 가족여행으로 제주도를 다녀왔습니다. 그런데 여행 마지막 날 저녁 아버지께서 그동안 다니던 경비 일을 그만두신다고 하셨습니다. 연세가 있는 만큼 이젠 집 근처의 작은 텃밭을 일구며 어머니와 동네 탁구동호회에 가입해 지내려 한다는 건데, 문제는 생활비입니다. 젊어서 국민연금에 가입하긴 했지만 납입액이 적어서 연금으로 받는 금액이 너무도 미비합니다. 그러다 보니 진혁 씨 부부가 생활비 일부를 보태주어야 하는 상황입니다.

현재 부모님께서 가진 재산은 1억 원이 갓 넘는 주택 한 채가 전부입니다. 진혁 씨 입장에서는 부모님께 생활비를 많이 드리고 싶지만 아내 민경 씨의 눈치가 보입니다. 생활비를 어느 집은 보내고 어느 집은 안 보내는 상황이 되면(장모님은 살림이 넉넉한 편에 속해 아이돌봄 비용을 50만 원만 책정) 부부 싸움이 일어날 것 같아, 서로 며칠째 날 선 이야기가 오간 뒤 우선은 50만 원을 드리기로 했습니다. 한바탕 부모님의 생활비로 신경이 곤두섰던 부부는 그제야 개인연금부터 펀드상품까지 다시 살펴보게 되었습니다.

매월 급여에서 나가는 국민연금, 각각 10만 원씩 납입하고 있는 개인연금, 퇴직 후 받게 될 퇴직연금 등으로 노후생활이 가능할지 궁금합니다. 추후 진혁 씨 부부가 70살이 되었을 때 혹여나 생활비 부족으로 자녀에게 손 벌리지 않을지, 대출 갚을 돈을 불리기 위해서 가입한 펀드가 유용할지 재무상담을 신청하게 된 것입니다.

가장 우선으로 고려해야 할 사항은 자녀

남편의 입장에서는 평생 자신의 공부를 위해 힘들게 사신 부모님에게 생활비를 한 푼이라도 더 주고 싶은 마음이었을 것입니다. 아내의 입장에서는 최근에야 집값이 뛰어 주택자산이 올라갔지만, 집 하나 딸랑 있어, 홀로 계신 친정엄마에게 아이돌봄의 답례로 좀 더 많은 돈을 드리고 싶지만 참았을 것입니다. 애초 친정엄마에게 아이돌봄 비용으로 약속했던 금액이 줄어든 상황에서 갑자기 시아버님의 일자리가 끊겨 시부모님을 위해 80만 원의 생활비를 지원한다고 하니 속으로 화가 많이 날 것입니다.

둘 다 늦은 나이에 결혼했으니 서로 모은 돈으로 주택을 해결했을 거고, 오래된 아파트이기 때문에 나름 돈을 좀 모아서 아이가 글을 배울 때쯤 새 아파트로 이사 가고 싶은 마음도 내심 있었을 것입니다. 하지만 매월 남는 돈은 없고 둘째까지 낳을 생각이니 머리가 아프죠. 둘째 출산 시 민경 씨 본인은 육아에 전념해야 하는데, 대기업을 다니는 남편의 소득이 다른 이들보다 많다고 해도 조기 은퇴에 대한 걱정이 됩니다. 최근에 주택 가격이 올라 자산이 늘어난 거지 살고 있는 집 빼면 그리 큰 자산이 없습니다.

요즘 아무리 주택거래가 이루어지지 않아서 주택 가격이 떨어졌다고 하더라도 최근 2~3년 동안 주택 가격이 많이 뛰긴 뛰었나 봅니다. 재무상담을 하는 고객들의 순자산 변화추이를 자세히 들여다보니 최근 3억~4억 원의 순자산은 5억~8억 원의 순자산으로 탈바꿈된 모양

새입니다.

40대의 재무설계에 있어서 무시할 수 없는 게 가장의 조기 퇴직입니다. 그리고 자산의 규모에 따라서 증여 계획도 포함해서 재무설계를 해야 합니다. 진혁 씨 부부의 소득은 월평균 500만 원(추석, 설 상여 기본급×100%, 연말 보너스 있음)과 290만 원입니다. 재무 목표는 크게 두 가지입니다. '노후에 월 300만 원 받기'와 '자녀교육비 마련(대학+유학)'입니다.

어떻게 보면 진혁 씨의 경우 노후에 대한 부분을 보수적으로 계획하고 접근해야 하지만, 가장 우선 고려해야 할 재무 이벤트는 자녀입니다. 늦은 출산으로 대비가 되어 있지 않은 양육이나 교육 같은 자녀에 대한 비용에 먼저 초점을 맞추어야 하고, 자녀의 교육비가 폭발적으로 늘어날 때 가장의 은퇴가 시작되기 때문에 은퇴 후의 소득활동도 생각해야 합니다. 무엇보다 현재 부부간 둘째를 가지자는 합의가 도출되었고, 둘째 출산 후 아내의 소득활동이 단절되기 때문에 현재의 지출 구조를 그대로 가져간다면 위험한 상항이 연출될 것입니다.

부부는 현재의 상황과 미래의 상황을 충분히 서로 합의한 후에 다른 가정보다 좀 더 혹독하게 한동안 줄이기로 약속했습니다.

지출 중 가장 큰 부분은 항목을 정해놓고 소비하기로 했고, 한약 구입비나 식비 같은 비용을 전부 20% 이상 줄이기로 했으며, 차량 운행에 있어서도 부부가 격주로 대중교통을 이용해서 교통비를 줄이기로 했습니다.

보험 같은 경우 현재 납입하고 있는 보험료 적립금은 100세가 되었을 때 돌려받을 수 있기에 무의미합니다. 그래서 기존 보험료에서 적립금 부분만 더 이상 안 나가게 하면서 보험료를 줄였습니다. 또한 현재 투자하고 있는 펀드상품의 투자이익보다 은행의 대출금리가 더 높기에, 비상금이 없어지기는 하나 대출을 상환하는 게 우선이라고 판단해서 대출을 전액 상환했습니다(+보험사의 적립금 해지반환금).

아이의 성장에 맞춰 금융상품을 분배해야 합니다

민경 씨는 내년이면 40세입니다. 진혁 씨는 40대 중반인 45세죠. 요즘 40대는 가장 많은 사회활동을 하는 시기입니다. 그런데 재무상담을 해보면 이 40대의 나이에 미래를 위해서 제대로 준비하는 가정을 그리 많이 못 봤습니다.

40대쯤 되면 자녀가 어리면 초등학생이고 많으면 대학생의 나이이며 평균적으로 중·고등학교에 다니는 청소년의 학부형일 것입니다. 사교육비가 장난 아니게 지출되는 것은 불 보듯 뻔합니다. 심한 경우 지출금액의 반 이상이 교육비로 나가는 가정도 더러 봤습니다. 이러한 자녀교육비와 주택 구입에 따른 비용을 감당하며 생활을 해야 하기 때문에 노후 준비가 다른 나라 이야기처럼 들릴 때가 많습니다.

이렇듯 40대에는 자녀교육비에 따라서 미래의 노후자금이 결정될 수도 있기에 자녀교육에 대한 가치관이 확고하게 정립되어 있어야 합니다. '남들이 하니까 나도 한다'는 식으로 교육비를 지출하게 되면 결국에는 부부의 미래를 준비할 수 없게 됩니다. 현재 우리가 살고 있는 대한민국의 2019년은 고령화사회 국가입니다. 앞으로의 긴긴 노후생활에 대한 준비를 해야 하죠. 특히 진혁, 민경 씨 부부는 늦은 결혼과 늦은 출산으로 인해서 이제 아이가 돌을 지났고, 미래의 둘째를 꿈꾸고 있습니다. 나이만 40대이지, 아이를 기준으로 보면 신혼 초의 가정과 지출의 형태가 다를 바 없습니다.

기존에 있는 청약저축과 아이 적금은 나중에 혹시 있을지 모를 민영 아파트로 이사와 아들 태혁이의 미래를 위한 자금으로 가져갈 것이며, 연금저축 또한 세액공제로 활용하고 있고 금액도 적당해서 이 부분들은 유지하기로 했습니다.

첫째 태혁이와 미래의 둘째를 위해 지금부터 꾸준히 투자할 수 있는 상품을 배분하고, 부부의 노후를 위해 대비하고, 둘째 출산 후 사라질 아내 급여의 부족분을 위한 자금을 만들고, 대출상환으로 다 쓴 비상금을 다시 준비해야 하기에 아이의 미래자금, 노후자금, 외벌이 대비 비상금으로 상품을 분배하고 준비하기로 했습니다.

✔ 자녀 증여를 위한 투자상품

돈이 여유가 있다면 가장들은 무엇보다 최대한 많은 돈을 자녀에게 물려주고 싶어 합니다. 그렇지만 이렇게 자녀에게 무언가를 줄 때 증여세라는 부분이 꼭 따라붙습니다. 그렇기에 부모들은 증여 또한 전략적으로 해야 합니다.

현 세법에서는 미성년 자녀에게 10년 동안 최대 2천만 원까지 비과세 증여가 가능하고, 성년 자녀에게는 5천만 원까지 비과세 증여가 가능합니다. 이를 장기에 걸쳐 전략적으로 나누어 자녀가 1살 때 2천만 원을 증여하고 11살 때 2천만 원, 21살 때 5천만 원, 31살 때 5천만 원을 증여하게 되면, 증여세를 합법적으로 한 푼도 내지 않으면서 자녀가 31살이 되는 해까지 총 1억 4천만 원을 증여할 수 있습니다.

목돈으로 증여가 불가능하다면 매월 불입하는 방식으로 증여해버리면 됩니다. 시장에는 자녀를 위한 상품들이 금융사 저마다의 특징으로 많이 나와 있습니다. 보통 이런 교육비를 위한 아이상품들은 여러 가지 우대금리, 부가서비스 등이 제공되죠.

은행의 경우 자녀 명의의 청약통장과 연계해 우대금리를 적용해주거나, 계열사의 보험회사와 연계해서 자녀의 화상이나 수술비 등을 보전해주는 작은 보장의 보험을 무료가입도 해줍니다.

보험사의 키즈변액상품은 기본적으로 아이의 보험보장을 통해서 위험보장을 해주고 가입 시 설정한 자녀독립나이 시점에서는 피보험자의 교체가 가능한, 성상기 자녀의 보장에서 성인 자녀의 활동기 보장으로 이어지는 자녀 평생보장플랜과 증여의 성격을 띠고 있는 상품입니다. 물론 피보험자 교체 전 피보험자인 부모의 갑작스러운 사망 시 아이의 교육비를 지원해주는 서비스도 있습니다.

증권사의 어린이펀드 같은 경우에는 펀드 가입 시 수수료 할인, 경제 관련 프로그램 참여 기회 부여 등 저축을 넘어서 투자에 대한 자녀 경제교육의 발판을 마련해주고 있습니다.

✔ 부부의 연금

늦어지는 노후 준비만큼 삶이라는 무게가 많이 무거울 것입니다. 안타깝게도 노후에 대한 고민을 할 시기는 삶의 무게 때문에 늦게 오면서 그만큼 여유로운 준비가 힘들어지게 됩니다. 그래서 노후 대비를 위한 준비는 최대한 빠르면 빠를수록 좋습니다. 그런 노후 준비에 있어서 가장 필요한 상품이 개인연금입니다.

이제 재무설계에 있어서 필수 준비사항인 개인연금보험을 선택하기 전에 꼭 이것을 기억합시다. 제일 먼저 계획을 확실히 수립해야 합니다. 우리가 돈을 벌기 시작하면서 재무적으로 필요한 것도, 소비해야 되는 지출도 많습니다. 연금상품은 앞으로 몇십 년 후에 자신의 행복한 삶을 위해서 준비해야 되는 것입니다. 그러므로 연금보험은 장기상품입니다. 그러니 처음 가입할 때 준비방법과 공적연금 연계, 부동산 준비 등에 따른 변수를 충분히 생각한 후에 연금 금액과 투자 계획을 준비해야 합니다. 또한 가급적 관련 전문가에게 도움을 통해서 준비하는 게 맞습니다.

두 번째, 현시점에서 학교 선생님이나 공무원의 연금 혜택을 부러워만 하지 말고 같은 식으로 급여에서 연금이라는 상품을 먼저 공제하고 은퇴까지 꾸준히 준비한다면 그에 못지 않을 것입니다.

세 번째, 연금보험은 전 보험사의 지급 기준과 세제 혜택이 동일하기 때문에 상품 선택 시 공시이율연금도 거의 같고, 연금액을 비슷하게 받는 구조이기에, 상품의 '최저보증이율'이 조금이라도 높은 곳을 선택하는 게 좋습니다. 투자형 연금일 경우에는 펀드가 얼마나 다양하게 포진되어 있나를 봐야 하고 목표수익률 달성 시 수익을 안정적으로 챙겨놓을 수 있는 옵션 기능이 있는지 확인해야 합니다. 또한 유동적으로 변하는 재무상황을 대비하기 위해서 유니버셜 기능(=중도인출)이 어떻게 포함되어 있는지 봐야 합니다.

연금보험은 보험사의 경험생명표를 토대로 연금액이 산출되다 보니 하루 빨리 연금을 가입하는 게 더 많은 연금액을 수령할 수 있습니다. 라이프사이클에 있어서도 시간이 지날수록 주택마련이나 자녀의 교육비 증가로 연금을 준비하기 힘든 환경으로 흘러가기 때문에 최대한 일찍 준비하는 것이 더욱더 유리할 것입니다.

• 개인 연금보험 종류

구분	세제적격			세제비적격	
상품	연금저축 신탁	연금저축 펀드	연금저축 보험	일반연금 보험	변액연금 보험
판매	은행	증권	생보·손해보험	생명보험	생명보험
예금자보호	가능	불가능	가능	가능	불가능
성격	실적배당형		원금보장형	원금보장형	실적배당형
소득공제	연간 400만 원 납입한도 12% 세액공제			없음	
연금소득세	연금 수령 시 종합과세 또는 분리과세			10년 이상 유지 시 비과세	
지급방식	확정형	확정형	확정형·종신형	확정형·종신형·상속형	
중도해지 시	연금 수령 전: 22% 과세(이자소득세+기타소득세) 가입 후 5년 이내 해지: 2.2% 추가 해지가산세			이자소득세 전액 과세	
적용이율	실적배당	실적배당	공시이율 (변동금리)	공시이율 (변동금리)	실적배당

가정 내에서 새어나가는 지출은 의외로 많습니다. 새어나가는 돈을 노후를 위해서 준비하면, 단돈 50만 원이 1년이면 600만 원이고, 10년 이면 6천만 원이 됩니다. 거기에 거치기간과 투자수익을 합치면 그 적립금은 늘어나게 되어 있습니다.

✔ 적립식 펀드

부부가 대출을 갚기 위해서 거치식 펀드를 운영했다는 것에 대해 틀렸다고 단정 지을 수는 없지만 굉장히 큰 리스크를 안고 투자한 것이라 놀랄 일입니다. 주식이나 펀드 같은 공격형 투자상품은 리스크를 얼마나 헤지하는가가 중요합니다. 리스크 헤지 방법에는 시간에 대한 투자방법과 분산으로 인한 투자방법이 있는데, 기존의 거치식 상품은 이 성격에 맞지가 않습니다.

펀드를 가장 크게 나누면 주식형 펀드와 채권형 펀드로 나누어집니다. 물론 상품, 펀드를 운용하는 자산운용사의 펀드 설정액에서 자산의 60% 이상 주식에 투자하게 되면 주식형 펀드이고 60% 이상 채권에 투자하게 되면 채권형 펀드가 됩니다. 주식과 채권은 기본적으로 반대의 성질을 갖고 있기 때문에 주식형 펀드와 채권형 펀드의 비율을 조정해서 투자하게 되면 또 하나의 리스크 헤지 장치를 가지고 갈 수 있습니다.

단기간에 급등하는 수익만 바라보고 무조건 주식형 펀드만 한다면 주식 상승기 때는 큰 수익을 얻을 수는 있으나 주식 하락기 때는 대처할 수 없기에 큰 손실을 가져올 수 있습니다. 그래서 반대의 성격을 띠고 있는 채권의 비중이 높은 펀드를 함께 구성하게 되면 위험을 덜 수 있습니다. 주식형 펀드나 채권형 펀드의 개별 종목에 대한 분석이 어려울 때는 지수에 투자하는 인덱스펀드 상품도 괜찮습니다.

공격성향이 굉장히 강한 남편의 특성을 고려해서 금 펀드에 투자하기로 했습니다. 최근 몇 년간 금값이 보합의 추세를 보였으며, 아메리카 퍼스트(America First)를 외치는 트럼프의 성격상 중국이나 이란 등의 국가와 마찰 가망성도 높아 향후 안전자산의 비중이 높아질 때 메리트가 있는 상품이기 때문입니다.

✔ 저축

아내 민경 씨는 둘째 아이를 임신한다면 출산할 때쯤 회사를 그만두려고 합니다. 경우에 따라서 육아휴직 등을 통해 잠깐 쉬고 다시 복귀하거나 아예 퇴사를 안 할 수 있지만, 현재의 상황에서는 둘째 출산 후 전업주부로 돌아서려고 합니다. 그렇게 되면 현재 재무상담을 통해 줄인 지출에서도 좀 더 줄여야지 저축을 할 수 있습니다.

면담을 통해 전업주부로만 생활할 가능성은 상당히 낮아졌지만, 임신에 따라서 짧게는 10개월 후에 외벌이로 돌아설 수 있는 가정으로 그렇게 되었을 경우 당장 큰 손실이 있습니다. 그래서 미래의 손실을 줄이고자 비소비성지출 금액의 40% 이상을 아내 소득 보전을 위해서 저축하기로 했습니다.

앞에서 말씀드렸듯이 요즘에는 여성을 위한 저축상품이 따로 있어 가입자에게 우대이율을 줍니다. 거기에 자녀까지 출산

했을 경우에는 좀 더 많은 이자를 줍니다. 당분간 아내의 소득 전부를 저축하되 이는 나중에 복직을 한다는 가정하에 출산자금으로 쓰일 예정입니다.

✔ CMA

부부는 대출이자로 나가는 지출을 줄이기 위해서 기존의 상여를 받아서 쓰고 남은 돈과 비상금을 깨서 대출을 상환했습니다. 부부는 12월에 상여를 받게 되겠지만, 또다시 비상금이 없는 상황입니다. 그래서 지금부터 다시 비상금을 만들려고 합니다.

12월에 성과급을 받으면 장모님과 시부모님에게 약정한 일부분을 드리고, 남은 차액 모두를 CMA에 넣어 어느 정도의 비상금은 마련할 수 있습니다. 이렇듯 CMA의 이자 부리 방식은 적금상품과 다르기 때문에 비상금 통장으로 많이 활용되는데, 투자 비율이 아주 미세하게 작지만 엄연한 투자상품이긴 합니다. 이러한 이유로 일부 사람들은 CMA 통장을 단순히 주식통장으로만 알고 있는 경우가 많습니다.

CMA통장은 증권사 거래를 위한 기본 통장이지만, 위탁계좌인 주식계좌와는 다릅니다. 주식계좌는 주식의 거래에 맞추어져 있다 보면 되고, CMA계좌는 네 가지로 나누어집니다. 다음에 나오는 표를 참고하세요.

• CMA 종류

종류	내용
MMF형	• 금리가 높은 1년 만기의 기업어음이나 양도성예금증서에 투자해서 발생한 수익을 지급하는 방식 • 운용수익에 따라서 수익금을 배분하는 형태 • 가입금액 제한 없음 • 누구나 가입 가능 • 예금자비보호 상품
MMW형	• 신용등급이 높은 채권이나 예금, 어음 등에 투자해서 발생한 수익을 지급하는 방식 • 안전한 예금에 투자하다 보니 금리가 다른 CMA에 비해 좋지는 않음
RP형	• 국공채나 특수채 등을 담보로 발행해서 일정기간이 지나면 약정된 확정금리를 주는 상품 • 금리인상기에는 별로이고, 금리하락기에는 유용한 상품임 • 확정이자를 주는 예금자비보호 상품
종금형	• CMA 중 유일한 예금자보호 상품 • 기간별로 수익률을 적용해 가입기간이 길수록 이자율이 높아져 안정적 • 반대로 단기간 예치 시 금리가 매우 낮은 단점이 있음

노후에 대한 준비는 무엇보다 중요합니다

노후를 다른 관점으로 보는 이야기를 하려 합니다. 일본은 전 세계에서 가장 빨리 고령화 사회로 접어든 국가로, 2060년에는 65세 이상의 노인들이 국민의 39.9%에 달할 거라고 예상합니다. 현재 일본 사람들의 일반적인 노후에 대한 준비도 우리나라랑 비슷합니다.

일본의 노후 준비는 크게 국민연금, 주식이나 펀드, 개인연금, 부동산 투자 네 가지로 나누어집니다. 한국과 같이 국민연금의 수령액 하나만으로는 안정적인 노후생활을 대비하기 힘들다고 생각하며, 주식이나 펀드는 위험요소가 있어서 꼭 필요한 노후자금을 구성하기에 다

소 불안정하다고 판단합니다. 따라서 주식 이외에 개인연금을 가입하고 있지만 워낙 저금리 기조에 있던 일본이라 연금상품도 각자가 바라는 만큼을 채워주지 못하는 상황입니다. 그렇다고 개인투자, 특히 부동산 투자에 눈을 돌려도 만만치는 않습니다.

도쿄의 집값은 끊임없는 상승세를 보이고 있으나, 일본의 빈집 현황과 추세를 살펴보면 이야기가 달라집니다. 일본 내 빈집의 수는 전체 주택 수의 13.5%를 차지할 만큼 빠르게 증가하고 있는데, 이는 고령화와 저출산으로 인한 인구감소와 대도시로의 인구집중 현상 때문입니다. 비단 이웃나라의 현상이라고 넘기기에는 꽤 심각한 수치입니다.

더 무서운 건 노인세대가 살던 집에는 새로운 집주인이 들어오지 않아 비어 있는 채로 남게 되었는데 결국 부동산으로서의 가치를 잃어버려서 계속 방치된 채 낡아가고 있습니다. 결국 인프라와 직장 접근성, 자녀들의 교육을 시킬 수 있는 환경이 우선시되다 보니 대도시로의 인구집중화로 인해서 지방 도시의 빈집은 자꾸 늘어날 수밖에 없습니다.

우리가 일본하고 똑같은 방향으로 무조건 흘러가지는 않지만 충분히 참고해서 대책을 준비해야 한다고 생각됩니다. 지금 잠깐의 행복을 참고 조금만 줄입시다. 대신에 자신을 위한 노후 준비를 해서 자녀에게 짐이 되지 않도록 합시다.

교육비 월 260만 원!
아이가 원하는 건 다 해주고 싶어요

#월900만원 #보험리모델링 #교육비는 #포기못해

재무상담 전	
[정기지출]	
관리비	40만 원
교통비	60만 원
휴대폰·TV·인터넷	30만 원
생활비(외식 포함)	150만 원
보험(종신·암·실손·운전자·화재)	200만 원
교육비(은지·은환)	260만 원
남편 용돈	40만 원
아내 용돈	40만 원
자녀 용돈	40만 원
친정엄마 용돈	20만 원
기타 잡비	20만 원
[비소비성지출]	
저축	80만 원

재무상담 후	
[정기지출]	
관리비	40만 원
교통비	60만 원
휴대폰·TV·인터넷	17만 원
생활비(외식 포함)	150만 원
보험(종신·암·실손·운전자·화재)	97만 원
교육비(은지·은환)	260만 원
남편 용돈	40만 원
아내 용돈	40만 원
자녀 용돈	40만 원
친정엄마 용돈	20만 원
기타 잡비	0원
[비정기지출]	
경조사 비용	40만 원

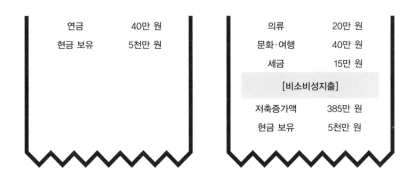

연금	40만 원		의류	20만 원
현금 보유	5천만 원		문화·여행	40만 원
			세금	15만 원

[비소비성지출]

| 저축증가액 | 385만 원 |
| 현금 보유 | 5천만 원 |

아이들의 학원비로 매월 280만 원가량 나가는 가정이 있습니다. 주훈, 은정 씨 부부는 동갑내기 맞벌이로, 맞벌이를 하는 동안 최대한 교육에 대해선 아이들에게 해줄 수 있는 건 다 해주고 싶은 마음뿐입니다. 대기업에 다니는 두 부부는 월급도 많고 보너스도 두둑하게 받고 있지만, 이상하게 가계부는 언제나 빠듯합니다. 아이들의 학원비(16살 은지, 13살 은환)를 제외하곤 미니멀라이프로 살고 있다고 생각하는데 말입니다. 물론 아이들 학원비가 많이 들어가는 편이기는 합니다. 첫째 은지는 영어, 수학, 과학, 국어 학원에 다녀 교재비를 포함해 150만 원이, 둘째 은환이는 영어, 수학, 논술, 미술 등의 학원과 과학실험, 운동 등을 배워 110만 원의 학원비를 지출합니다.

은정 씨는 현재 80살이 넘는 친정엄마와 살고 있어 친정엄마가 아이들을 돌봐주고 있는 상태로, 재무상담이 군이 필요할까 생각했다고 합니다. 보험료가 과다한 건 만기 때 만기환급금 100%를 받을 수 있으니 저축하는 셈 치면 되고, 학원비는 아이들을 위한 거니 줄일 수 없다 생각하고 있습니다. 이런 그녀의 생각이 잘못된 걸까요?

정말 재무상담을 받을 필요가 없을까요?

은정 씨 부부의 한 달 가계부는 마이너스입니다. 급여는 900만 원이지만 고정지출만 이미 940만 원을 넘어섰네요. 교육비 260만 원, 보험료 200만 원, 연금 40만 원 등. 다만 보너스 포함한 월평균 소득이 1,380만 원이기에 월평균 소득 대비 440만 원의 잉여자금이 생겨납니다. 항상 여행비와 경조사비, 교통비 등으로 거의 지출하지만 말이죠.

1차 환경개선으로 통신비 13만 원, 기타 잡비 20만 원, 보험료 103만 원을 절감했습니다. 2차 환경개선으로 가계부 정리를 한 뒤, 지금까지 지출되던 월평균 약 480만 원의 자금을 비상금 통장에 저축해서 지출했습니다. 그렇게 나온 평균 지출 175만 원을 지출 한도액으로 정해서 월평균 305만 원의 추가 저축액을 만들었습니다. 3차 환경개선을 통해 식비와 외식비 및 전반적인 지출을 3%씩 더 줄이기로 약속했습니다.

은정 씨와 다음 세 가지를 우선석으로 이야기했습니다.

✔ 하나는 포기하고 하나는 유지하자

부부는 재무상담이 필요하다고 느꼈지만 무조건 지출을 줄이라고 할까 봐 재무상담을 받을지 고민했다고 합니다. 높은 보험료는 만기 때 만기환급금 100%를 받을 수 있고 소득이 적은 것도 아니니 저축하는 셈 치고 넣은 것이라 줄일 생각이 없었다고 합니다. 높은 학원비도 마찬가지였습니다. 아이들이 학원에 다니며 성적이 올라 자신감까지 생겼습니다. 그럼에도 무작정 학원비를 줄이라고 할까 봐 재무상담을 계속 고민하다가, 높은 소득에도 불구하고 생활이 빠듯해서 결국 신청했다고 합니다.

소득이 어느 정도 되고 부채도 없기에 아이 교육비 지출에 관해선 할 말이 없습니다. 단지 소득 대비 낮은 저축으로는 점차 더 늘어날 아이의 사교육비를 감당하기 힘들기 때문에 저축액을 높이기 위해서 나머지 지출을 명확히 하고 지출을 줄이자고 합의를 시도했습니다.

보험은 혹시나 벌어질 우발적 사고나 질병에 대비해 미리 일정한 돈을 내고, 약정된 조건에 해당하면 그에 맞는 일정 금액을 지급하는 제도입니다. 종신보험이란 말 그대로 평생 사망을 보장해서 사망으로 인한 가장의 부재 시 자녀나 아내에게 빈자리를 채워주기 위한 것이며, 여기에 각종 질병이나 상해에 관련된 특약을 부과해서 보장해주는 보험입니다. 가장의 책임기간을 어디까지 두느냐에 따라서 약정기간까지 사망보장을 해주는 정기보험을 활용하기도 합니다. 그리고 보장성 보험의 만기는 보험사의 보험책임기간까지이기 때문에 가입기간 20~30년, 100세까지인 장기상품의 원금을 받기 위해서 보장 대비 몇 배나 많은 보험료를 지불하면서 보험에 가입하는 건 맞지 않습니다.

감액완납 제도를 활용해서 종신사망보장을 줄이고, 기존 가족의 건강보험의 적립금을 없애고 화재보험과 운전자보험도 교체했습니다. 보험 리모델링만으로 연금을 제외한 가족의 보장성 보험료를 160만 원에서 57만 원으로 수정해 103만 원이나 절약할 수 있었습니다.

✔ 같은 여성으로서 친정엄마의 삶을 다시 생각해보자

은정 씨의 친정엄마는 자식의 출가로 인해 넉넉하지 않아도 시간적으로 좀 더 여유로운 노후생활을 꿈꿔왔지만, 은정 씨가 맞벌이를 하면서 다시 육아를 합니다. 그런 친정엄마에게 소득 대비 20만 원의 용돈은 너무나 가혹하죠. 가계에서 자신도 모르게 나가는 소비, 즉 낭비만 줄여도 친정엄마의 용돈을 충분히 더 올릴 수 있습니다. 또한 비정기지출 통장을 활용하면 가용금액은 더욱더 늘어납니다.

친정엄마의 용돈부터 시작해 먼저 친정엄마의 행복한 삶에 대해 진지한 대화의 시간부터 갖고, 주기적인 대화와 친정엄마만의 시간 만들기 프로젝트 시행하기로 했습니다.

✔ 가계부를 제대로 작성해보자

항목		금액	항목		금액
주거 생활비	관리비		육아	분유/이유식	
	전기			기타	
	수도		교육비	과외비	
	가스			교재비	
	시청료			등록금	
식비	주식/부식비			참고서/학습지	
	기호품(간식)			학원비	
	기타			기타	

외식비	외식비			재산세	
교통비	유류비		세금	주민세	
	자동차보험료			토지세	
	자동차 수리비			자동차세	
	자동차 할부금			기타	
	대중교통비		보험료	의료보험료	
통신비	유선전화 요금			국민연금	
	휴대폰 사용료		정기 지출	남편용돈	
	인터넷 이용료			부인 용돈	
의료비	병원비			부모님 용돈	
	약 구입비			자녀 용돈	
	의료기구			기타	
	기타		비정기 지출	경조사비	
의류비	의류			명절(선물)	
	신발			기타	
	침구		교제비	각종 회비	
	액세서리			유흥비	
	미용실비			접대비	
가구/ 가사비	수선비/수리비		여가 생활비	성금	
	주거비품			휴가/여행비	
	생활용품			신문/도서비	
육아	육아용품			각종 관람료	
	기저귀			기타	

자료: 한국경제교육원㈜ 재무상담지 중 일부 발췌

지출의 정확한 흐름을 알기 위한 통장 쪼개기

재무상담을 해보면 세세하게 기재해야 하는데 생활비에 식비와 외식비 품목만 기재하는 경우가 더러 있습니다. 은정 씨 부부도 모두 늦은 야근과 업무 스트레스가 많다 보니까 지출내역을 작성할 때 구체적으로 어떻게 지출되는지 모르며 대략적인 큰 항목에 대한 지출만 제대로 알고 있었습니다. 지출에 대한 정확한 흐름을 알아야 통장 쪼개기가 가능하고 쓸데없는 지출도 줄일 수 있습니다.

요즘에는 모바일 가계부도 체크카드와 연동해서 잘 정리되어 나오고 있습니다. 일단 가계의 지출흐름을 알고는 있어야 하기에 세 달간 지출내역을 세분화하기로 했습니다.

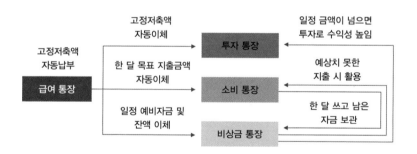

은정 씨가 처음에 걱정했던 교육비는 줄이지 않았습니다. 그냥 다른 관점으로 보고 있었던 지출에 대한 생각, 보험에 대한 생각, 잊고 있었던 엄마에 대한 고마움을 바꾸고 좀 더 지출을 구체화했더니 그녀의 환경은 많이 바뀌었습니다. 여기서 끝이 아니고 이제 시작이기에 앞으로 이들 부부의 재무 행보가 무척 기대됩니다.

10년 계획으로
경매를 활용한 집 사기

#직업군인 #10년계획 #주택마련 #경매투자

재무상담 전

[정기지출]

양가 부모님 용돈	40만 원
관리비	13만 원
통신비	14만 원
보험료	55만 원
교통비	15만 원
생활비	40만 원
부부 용돈	60만 원
여행비	25만 원
군인공제	5만 원
동기회비	3만 원

[비소비성지출]

청약저축	5만 원
유니버셜저축보험	30만 원
펀드	5만 원

재무상담 후

[정기지출]

관리비	13만 원
통신비	14만 원
보험료	15만 원
교통비	15만 원
생활비	30만 원
부부 용돈	30만 원
여행비	10만 원
군인공제	5만 원
동기회비	3만 원

[비소비성지출]

청약저축	5만 원
양가 부모님 연금	40만 원
확정금리형 상품	80만 원
실적배당형 상품	45만 원

함께 목표를 이루어가요 - 맞벌이 부부의 재테크

10년 전 2008년 4월 16일, 경기도 모 부대에서 직업군인으로 근무하던 30살 정현 씨와 그의 부인 31살 아름 씨가 처음 재무상담을 받던 날입니다. 정현 씨는 군인 특유의 강직함으로 만나자마자 "이거 받으면 집 살 수 있죠? 말씀하시는 대로 무조건 따라 할 테니 40살 이전에는 꼭 내집마련을 할 수 있게 해주세요."라고 말했습니다.

주택이야 당장 대출을 받아서라도 구입할 수 있겠지만, 부부가 원하는 내집마련이란 부채 없이 주택을 구입하는 것이었습니다. 이유인즉 부부 둘 다 유년시절부터 잦은 이사를 다니며 '우리 가족은 왜 집이 없어 이사를 다니나!'라고 생각했고 성인이 되면 꼭 주택부터 장만해야겠다고 결심했다 합니다.

2008년 당시 부부의 상황은 군인 관사에 주택 여유가 없어 부대 근처에서 5천만 원짜리 전세를 살고 있었습니다. 직업군인 중사였던 정현 씨는 190만 원, 아름 씨는 한의원 아르바이트로 120만 원의 소득을 올리고 있었습니다. 이들 부부의 사정을 더 알아보죠.

무조건 10년 안에 집 사기

아내 직장에 브리핑하는 소위 재테크 전문가라는 사람이 방문해서 상담을 신청했더니, 그 사람의 직원이 와서 현금흐름표를 하나 만들어주었다고 합니다. 하지만 부부의 상담 내용을 토대로 조정이 필요한 부분은 수정하기로 했습니다.

그 당시 소득활동을 하고 있는 양가 부모님에게 용돈은 결국 결혼한 자식에게 옷이나 음식으로 다시 돌아오는 상황이었습니다. 이에 아예 같은 금액으로 연금상품을 넣어 양가 부모님의 노후를 준비하게끔 했습니다.

또한 직업군인의 특성상 지출을 많이 줄일 수 있는 환경임에도 불구하고 신혼이라 외식이나 술값 같은 지출이 과다한 편이라 "10년 후 내집마련"이라는 확실한 목표를 위해 조금씩 다 절감하기로 했습니다.

보험 또한 폭넓은 전문지식을 갖춘 전문가가 아니라 공포 마케팅과 상술로 브리핑영업을 하는 사람들에게 가입해 과다하게 부과되고 있기에, 부대에서 지원해주는 보험을 고려해서 알맞은 보험으로 변경했습니다.

기존	
저축액 (군인공제, 청약저축, 유니버셜저축, 펀드 포함)	45만 원
1년	540만 원
10년 후	5,400만 원
20년 후	1억 800만 원

수정	
저축액 (군인공제, 청약저축, 유니버셜저축, 펀드 포함)	135만 원
1년	1,620만 원
10년 후	1억 6,200만 원
20년 후	3억 2,400만 원

언제 임신과 출산을 할지 모를 신혼부부이기에 일단은 남편의 소득에서 재무적 지출이나 저축을 하고, 나머지 아내의 소득은 플러스 저축액으로 생각하라고 부부에게 이야기했습니다.

당시 전세금 5천만 원에 오로지 저축만으로 10년을 준비한다면 원금만 2억 1,200만 원이 됩니다. 군부대가 서울 한복판에 있는 것도 아니고, 전출을 가더라도 군부대는 시내 외곽지역에 있기에 집값이 뛰어봤자 충분히 저축액으로 가능하다고 판단했습니다. 하지만 10년 후 정현 씨의 군부대는 경기도에 위치하게 되었고, 주변 아파트 시세는 3억 원 내외의 가격을 형성했습니다.

경매를 통해 시세보다 낮은 금액으로 매매

2018년 현재는 어떻게 바뀌었을까요? 30대의 시작점에 재무상담으로 만난 부부는 이제 40대가 되었습니다. 일반적으로 40대가 된 이들의 재무 이벤트는 주택대출상환, 자녀교육, 노후 준비가 있겠죠. 그러나 이들 부부 같은 경우 여러 가지 이유로 자녀에 대한 계획은 없습니다. 그렇다면 현재 그들의 재무 이벤트 중 단기는 주택마련이고 장기는 노후에 대한 부분일 것입니다.

10년 전에 비해 물가와 주택 가격이 많이 올랐지만 부부의 급여는 그만큼 오르지 않았습니다(510만 원 정도). 물론 자녀에 대한 지출이 없고 지출을 줄이는 데 항상 노력했기에 건강한 재무구조를 가질 수 있었습니다. 저축액은 300만 원으로 늘었고, 유동성 현금자산 5천만 원과 투자상품 자산 7,800만 원도 가지고 있습니다. 이제 어느 정도 자산을 모았지만 부부는 10년 전 주택의 예상가와 비슷하게 주택 구입을 원했고 거의 두 달 넘게 같이 경매 부동산의 권리분석과 임장을 다니며 부부가 원하는 부동산 물건을 찾았습니다.

경매물건에 대한 분석이 끝나고, 드디어 경매 입찰이 시작되었습니다. 법원 경매 날 같이 가고 싶었지만, 부산머니쇼 박람회에서 재테크 세미나 강의가 있어 전화로 입찰가액을 마지막에 조정해서 제출하라고 조언해주었습니다. 발표가 나기까지 긴장했던 기억이 납니다.

드디어 이들 부부의 10년 장기 재무목표였던 부채 없는 주택마련의 꿈이 실현되는 순간이었습니다.

현재의 전세 시세보다도 낮은 금액으로 입찰했고, 차순위 매수자와 불과 28만 원의 금액 차이로 낙찰이 되었기에 권리분석을 잘했다는 안도와 함께 가장 어렵다는 명도 절차(경매받을 물건의 임차인이 이사를 가고 부동산을 넘겨받는 것)를 밟게 되었습니다.

저 또한 청소년 시절에 집이 경매로 넘어간 경험을 해봐서 그 사연과 아픔을 누구보다 잘 알고 있습니다. 그러기에 명도 진행에 있어 무리한 요구는 들어주지 않지만, 대화를 통한 합리적인 선에서 약간의 이주비를 주는 게 도리입니다.

이 부부와 함께 '권리분석 → 입찰 → 명도'까지 같이 진행하기로 하고 임차인을 만났으며, 임차인이 채무자인 현 상황에서 상대방의 이야기를 많이 들어주기로 했습니다. 지난해 겨울 유달리 추운 날씨에 어떻게 보면 아픔 또한 크기에 약간의 이주비를 주고 빨리 내보내기보단 집을 알아볼 수 있는 시간을 넉넉히 주자고 부부와 의견을 부합한 후 3월 말에 이사 가기로 했습니다. 건설한 지 얼마 안 된 아파트였기에 약간의 도배와 입주청소, 전기 콘센트 같은 인테리어 액세서리 같은 상품만 직접 교체하고 나서야 비로소 부부는 입주를 하게 되었죠.

경매를 통해 현 시세 대비 74%의 금액으로 주택을 구입하고, 남은 현금성 자산(1억 2,800만 원)과 현재의 저축, 투자상품으로 이 부부는 다른 10년 프로젝트를 꿈꾸기 위해서 또 다시 모으기 시작했습니다.

금리연동형 상품 150만 원(저축액 대비 50%)	실적배당형 상품 150만 원(연봉 대비 50%)
• 목적자금 분석 후 오차 줄이는 데 주력 • 비상금 확보	• 10년 동안 보수적인 투자 스타일에서 상당 부분 공격적 투자 마인드로 바뀌어 비율을 조정 • 연금상품을 공격적으로 배치 • 향후 소규모 상가 매입 고려

"이제 좀 쓰지 왜 모으냐?"라고 질문했더니, 현재 지출하는 데도 큰 지장이 없다고 말합니다. 그리고 부부의 재무목표가 하나 더 생겼습니다. 10년 후 50대가 되었을 때는 작은 상가건물을 하나 갖고 싶다고, 그래서 지금부터 또 아끼고 아끼는 데 주력하겠다고 했습니다.

주택구입 시 대출을 활용하기

내집마련을 할 때 부채 없이 현금으로 한방에 구입한다면 제일 좋겠지만 현실적으로는 그렇지않습니다. 주택담보대출을 할 때는 우선 정부의 도움을 받을 수 있는지부터 알아보는 게 좋습니다. 왜냐하면 대부분의 은행 담보대출보다 정부에서 실시하는 대출이 금리가 더 낮기 때문입니다. 일반은행의 고정금리가 평균 3.6~3.7%인데 비해 주택도시기금의 내집마련 디딤돌대출의 경우에 우대금리를 적용해서 최고 2억 원까지 1.5%의 금리로 대출을 받을 수 있습니다.

최고 금액인 2억 원을 대출받는다는 조건하에 일반은행에 3.7%의 이율로 30년간 상환한다는 조건으로 원리금균등상환 대출을 받을 시 매월 92만 원씩 상환을 하지만 같은 조건하에 정부의 주택대출 조건을 받게 되면 매월 상환액은 72만 원으로 20만 원의 차이가 납니다. 어마어마하죠? 단순계산으로도 7,200만 원의 차이가 납니다.

그래서 주택을 구입할 때는 수시로 주택도시기금(nhuf.molit.go.kr)에서 확인하면 좋습니다. 신청대상은 부부합산 연 소득 6천만 원 이하의 무주택 세대주로 생애 최초의 경우는 7천만 원까지 해당합니다. 주택매매계약을 체결한 대출신청일 현재 세대주여야 합니다. 대출금리는 연 2.00~3.15%로 소득수준과 만기에 따라 우대금리가 추가로 적용됩니다.

모든 주택이 대출 가능한 것은 아니고 주택 가격 5억 원 이하, 주거전용면적 85m²(수도권을 제외한 도시 지역이 아닌 읍 또는 면 지역 100m²) 이하이며, 만 30세 이상의 미혼 단독세대주인 경우는 주택 가격 3억 원 이하, 주거전용면적 60m²(수도권을 제외한 도시 지역이 아닌 읍 또는 면 지역은 70m²) 이하로 제한됩니다.

돈 되는 아파트로
이사 가고 싶습니다

#월708만원 #재테크 #아파트매매 #갈아타기

재무상담 전	
[정기지출]	
관리비·공과금	18만 원
식비	105만 원
통신비·TV·인터넷	17만 원
유류·교통비	17만 원
부부 용돈	60만 원
의류비	30만 원
가족보험 (건강·실비·종신)	41만 원
육아 관련	15만 원
아파트 대출이자	49만 원
[비정기지출]	
자동차 관련 (세금·보험료·검진)	140만 원
명절·경조사	200만 원
휴가	300만 원

재무상담 후	
[정기지출]	
관리비·공과금	18만 원
식비	105만 원
통신비·TV·인터넷	12만 원
유류·교통비	30만 원
부부 용돈	60만 원
의류비	30만 원
가족보험 (건강·실비·종신)	27.3만 원
육아 관련	15만 원
아파트 대출이자	0원
친정엄마 용돈 (아이돌봄)	60만 원
[비정기지출]	
자동차 관련 (세금·보험료·검진)	140만 원
명절·경조사	200만 원

[비소비성지출]	
저축보험	10만 원
청약저축(남편)	10만 원
청약저축(아내)	2만 원
청약저축(자녀)	20만 원
연금저축(남편)	10만 원
저축	50만 원
비상금 통장 (하반기 상여 1,200만 원 입금 예정)	1,900만 원

휴가	300만 원
[비소비성지출]	
청약저축(남편)	2만 원
청약저축(아내)	2만 원
비과세 연금 (자녀의 청약저축 상품 교체)	20만 원
연금저축(남편)	10만 원
저축	50만 원
그 외 (적립형 발행어음 · 특판저축·노후연금 · 코텍스200)	260만 원

몇 주 전 진규 씨 부부가 재무상담의 문을 두드렸습니다. 이유인즉 한 달 전 부모님께서 1천만 원을 통장에 입금해주셨다고 합니다. 진규 씨 형이 최근 큰 평수로 이사하면서 대출을 받았는데, 조금이나마 보태줘야겠단 생각에 진규 씨 형에게 1천만 원을 주시면서 진규 씨네 집에도 같이 주셨다고 하네요. 어느 한 집만 주면 차별한다고 생각할 수도 있으니 동등하게 줘야 한다면서 각각 1천만 원씩 입금하셨다고 합니다. 진규 씨 부모님은 시골에서 50평 정도의 텃밭을 일구면서 생활하시는데, 매월 연금으로 받는 돈 일부를 저축하십니다. 두 형제의 첫아이 출산 때도, 이번에 형제에게 준 돈도 차곡차곡 적금이 만기되면서 주신 돈이라고 했습니다.

대출 없는 집을 찾기 어려울 정도로 대출이 흔한 요즘, 진규 씨 부부에게는 아주 비싼 아파트가 아니더라도 내집이 있고 대출이 5천만 원 정도밖에 없다는 것은 축복입니다. 남들보다 적은 부채이기에 언제든지 대출을 갚을 수 있다고 생각합니다.

진규 씨도 부모님께 받은 돈을 대출을 갚는 데 쓸까 했지만, 아직까지 진 대출금을 갚을 수 있는 능력이 있다고 판단해 이 돈을 좀 더 전략적으로 사용하고 싶단 생각으로 고민 중입니다. 처음 딸아이를 낳았을 때 받았던 200만 원은 흐지부지 아이용품과 생활비로 쓰면서 없어졌지만, 이 돈만큼은 잘 활용하는 게 부모님의 감사함에 보답하는 마음이라고 진규 씨는 생각합니다.

아내 정연 씨는 이제 막 재테크에 눈을 떴습니다. 지역 내 아파트 카페와 재테크 카페에도 가입했습니다. 남들은 아파트를 사고 나서 가격이 엄청 뛰어올랐다는데, 부부가 구입한 아파트는 3년이 지난 현재 1천만 원 정도밖에 오르지 않았습니다. 남편의 직장 동선과 올봄에 재취업을 하는 정연 씨의 직장을 고려해서(일단 친정어머니가 집으로 와 아이를 봐주기로 함) 이사도 가야 하고, 이왕이면 돈이 되는 아파트를 가고 싶은데 도통 모르겠다고 합니다.

외벌이에서 맞벌이가 된 부부

진규 씨와 정연 씨처럼 임신과 출산으로 인해서 외벌이에서 맞벌이가 되는 부부들이 꽤 많습니다. 아이의 양육부터 많은 환경이 바뀌게 되는데, 제일 중요한 건 경제적인 부분입니다. 서로 각자 나눠서 돈 관리를 할 것인지, 한쪽에 생활비만 줄 것인지 등 맞벌이 부부의 돈

관리 유형은 크게 세 가지로 나누어집니다.

첫 번째, 서로의 경제권을 인정하고 독립적으로 경제권을 가지는 '독립형'입니다. 서로 분배된 지출금액 안에서 관리하기 때문에 서로 돈 문제로 싸울 일이 없다는 장점이 있습니다. 명절이나 양가 행사 때 각자 자신의 집에 쓰고 싶은 만큼 쓸 수 있기에 집안 행사나 명절의 돈 문제로 싸울 일이 없다는 겁니다. 또한 각자의 활용범위 안에서 지출을 자유롭게 할 수 있기 때문에 배우자의 동의 없이 각자의 취미생활 등을 할 수 있다는 것도 매력적이죠. 반대로 이런 소비에 대한 자유로움 때문에 목돈을 모으기가 어렵다는 것이 가장 큰 단점입니다.

두 번째, 일부 큼직한 생활비만 배우자 한 사람에게 주고 나머지 금액은 각자 알아서 지출하는 '분배독립형'입니다. 주택대출상환금, 아파트 관리비, 교육비, 식비 등은 부부가 함께 관리하고, 각자의 용돈이라든지 부모님 용돈, 미용비 등은 각자 관리하기 때문에 첫 번째 유형과 마찬가지로 돈 문제로 부부가 싸울 일이 별로 없다는 게 장점입니다. 그러나 각자 저축을 하기 때문에 상대방의 자산규모를 파악하기 힘듭니다. 보통 이런 가정에서는 부부 한쪽이 투자를 잘못했을 경우 나중에 큰 싸움이 날 수 있으며, 그로 인해서 노후자금 등을 준비할 때 차질이 생기기도 합니다.

세 번째, 부부 중 좀 더 꼼꼼한 한 사람이 모든 금액을 관리하는 '공유전담형'입니다. 사람들의 유형은 다 다릅니다. 많이 벌든 적게 벌든 돈 관리로 스트레스를 받는 사람들이 꽤 많습니다. 그렇기 때문에 좀 더 꼼꼼하면서 이성적인 배우자가 돈 관리를 맡으면 다른 한 사람은 그 스트레스에서 벗어날 수 있습니다. 장점으로는 지출 파악이 쉽고 목돈을 모을 수 있으며, 돈 관리로 인해 갈등에 처할 확률이 상대적으로 다른 유형보다는 적다는 것입니다.

맞벌이 부부가 돈 관리를 각자 독립적으로 하든, 배우자 한 명이 하든 가장 중요한 건 소통입니다. 수입과 지출의 흐름을 부부가 서로 공유해야지 현금흐름을 파악할 수 있습니다. 또한 쉽게 빠지기 쉬운 '일확천금의 유혹'에서도 벗어날 수 있습니다.

돈 관리를 어떻게 할지 정하고 나서는 부부의 공통적인 재무목표를 수립합니다. 내집마련, 대출상환, 자녀의 양육 및 교육비, 한 살이라도 어릴 때 준비해야 더욱더 효과적인 노후연금 등의 재무목표를 세웁니다. 그런 다음 누수지출을 관리해야 합니다. 맞벌이니까 외벌이보다 소득이 좋아 괜찮다는 생각에 빠지지 않도록 주의합시다.

아파트 매매 시 고려사항

돈 되는 아파트로 이사하고 싶은 부부의 마음이 충분히 이해는 가지만, 무조건 부동산과 아파트가 돈이 되는 건 아닙니다. 지금부터 여러 가지 고려사항들을 한번 짚어보겠습니다.

첫 번째는 지역적 요소를 포함한 미래가치의 판단입니다. 부동산은 움직일 수 없는 부동성의 성격을 띤 자산이기 때문에 어느 곳에 위치하고 있는가가 가장 중요합니다. 어린 학생들한테 강남과 모지역의 시골 중 어느 지역이 좋은지 물어봐도 강남이 좋은 지역이라고 답할 것입니다. 이렇듯 누구나 알고 있는 지역은 이미 높은 가격이 형성되어 있어서 새롭게 진입하기에는 그 장벽이 너무나 높습니다. 그렇기에 이미 높은 가격을 형성하고 있지만 추가 상승 가능성이 있는 지역인가도 고려해야 합니다. 신도시 건설, 사회간접자본(SOC) 사업의 도로나 항만 건설, 전철역이나 고속철도역 건설, 대규모 공원 조성 등 향후 개발이 계획된 지역인지, 아직까지 저평가된 지역인지를 잘 판단해야 합니다.

두 번째는 교육시설입니다. 우리나라와 같이 자녀에 대한 교육열이 높은 나라에서는 주변의 교육 인프라가 아파트 가격 결정의 중요한 요인이 됩니다. '초품아'라는 말은 들어봤을 겁니다. '초등학교를 품은 아파트'라는 의미입니다. 요즘 초품아 단지가 가치가 높아지고 있다고들 하더군요. 이렇듯 교육정책은 수시로 바뀔 수 있으나 교육 인프라는 쉽게 바뀌지 않기 때문에, 학교나 학원이 어디에 위치하고 몇 개가 있고 교육 수준이 어떤가가 정말 중요합니다.

세 번째는 경기의 흐름입니다. 여러 경제적 지표 중에서도 금리의 추이를 주의 깊게 살펴볼 필요가 있습니다. 경제 전반에 걸쳐 뚜렷한 호재가 없는 현 상황에선 금리가 주택 시장에 가장 큰 영향을 미치는 변수입니다. 금리가 상승곡선을 그리고 주식 시장이 활기를 띠면 시중의 뭉칫돈도 주택 시장에서 서서히 빠져나갑니다.

가격의 흐름을 볼 때 호가를 실거래가로 오인하면 안 됩니다. 실제 거래가를 반드시 알아보고, 여러 중개업소에 들러 가격을 확인한 후 평균을 산출하는 방법도 하나의 팁입니다. 시간이 흘러도 아파트 단지를 고를 때는 교통·환경·교육 등 삼박자를 고루 갖춘 단지가 최고지만, 그렇지 않다면 소형은 교통, 중대형은 환경·교육 여건 위주로 선택하면 됩니다.

네 번째는 역세권입니다. 역세권이란 집에서 역까지 걸어서 5분 이내 거리를 말합니다. 보통 역에서 500m~1km 정도 거리라고 생각하면 되는데, 역세권 아파트 투자 시에는 소형 평형이 유리합니다. 대형 평형이나 고급 아파트의 경우 역세권보다는 환경 등을 더 중요하게 평가하기 때문입니다. 역세권 아파트는 불황기에도 가격의 하락이 적고, 경기가 상승할 때는 더 큰 폭의 가격 상승을 기대할 수 있는 가장 안정적인 부동산 상품입니다.

다섯 번째는 정책입니다. 부동산 상품은 정부의 부동산 정책에 큰 영향을 받습니다. 그렇기 때문에 정부가 새로운 부동산 정책을 발표할 때마다 관심을 갖고 시장을 주시해야 합니다. 현 정부는 출범 이후 부동산 정책으로 공급을 지연시키며 규제책을 통해 부동산 시장 가격을 압박했습니다. 하지만 실물경기, 대출금리, 시장 반응의 변화 등 여러 가지 상황을 예의 주시하다 보면 어떤 한순간의 타이밍에서 움추려 있던 시장이 변화를 모색하는 게 보일 때가 있습니다. 그때야말로 부동산 시장이 변화할 때입니다. "정책이 시장을 이길 수 없다."라는 말도 있듯이 어느 시점이 되면 결국에는 다시 부양책을 펴서 경제를 살리는 데 주력할 수밖에 없습니다.

여섯 번째는 환경입니다. 아파트를 중심으로 각종 혐오시설이나 쓰레기 처리장, 추모공원, 버스 차고지 등이 있는지도 봐야 합니다. '숲세권'이라는 말이 있듯이 산을 낀다든지, 강을 끼고 있는지 등도 중요합니다. 서울의 경우 한강이나 남산을 조망하는 조망권을 가진 아파트의 가격이 다른 아파트보다 훨씬 높다는 건 누구나 다 아는 사실입니다. 또한 요즘은 '슬세권'이라는 말이 있습니다. 슬리퍼를 신고 마트도 돌고 병원도 갈 수 있는 권역이라는 것입니다. 이처럼 집 주위에 백화점이나 대형마트와 병원 등이 있으면 생활의 편의성을 제공하고 삶의 질을 높여줍니다.

단지의 규모와 단지 내 편의시설도 잘 살펴보아야 하는 요소입니다. 단지 내 헬스장, 골프 연습장, 수영장, 사우나, 도서관, 커뮤니티 센터 등의 편의시설 유무도 쾌적한 환경에 일조합니다. 이러한 편의시설을 위해서는 아파트가 대단지로 있어야지 입주민들을 수용할 수 있기에 아파트의 공급세대수도 굉장히 중요합니다.

부동산은 시간이 흐르며 몇 번의 가격 상승을 보입니다. 개발 계획이 발표될 때, 착공할 때, 준공되었을 때, 시가지가 성숙되었을 때 등 단계별로 부동산 가격은 상승합니다. 따라서 투자자는 투자자산의 규모와 투자기간을 고려해 미리 투자시점이나 가격, 기간이 되었을 때 매도를 하겠다는 계획을 세워놓고 장기적으로 접근을 해야 합니다. 또한 내집마련용의 부동산 투자라면 현재의 주거 여건을 더 중요하게 생각해야 하고, 미래의 투자로 본다면 인기 지역이나 신규 분양물량에 관심을 갖는 것이 유리합니다.

요즘 들어서 가끔씩 미분양 아파트 기사를 접합니다. 현재 10억 원이 넘는 왕십리의 텐즈힐이 몇 년 전 분양 시에 3억 중후반대의 미분양이었다는 것을 아시나요? 지금까지 서울 지역에서는 미분양 아파트의 경우 시간이 지나서 분양이 완료되면 프리미엄이 붙는 특징을 보였습니다. 그래서 미분양 아파트에 투자한다면 미분양이 해결될 수 있는가를 봐야 합니다. 미분양 아파트가 대규모 택지개발지구에 위치하거나 수도권 중심지역에 위치해 있다면 시간이 지남에 따라 미분양이 해소될 가능성이 높기 때문에 투자를 고려할 수 있습니다.

일시적인 공급과잉이나 일시적인 수요감소나 현재의 투자심리 위축 등의 이유로 미분양이 된다면 시간이 지나 해소될 가능성이 높지만, 구조적인 수급 불균형에 의한 미분양은 시간이 지나도 해소되지 않고 가격 하락을 가져옵니다.

가계부를 분석해 관리 시스템을 만듭니다

부부의 가장 궁금해하는 부동산에 대한 부분과 맞벌이로 환경이 변할 때의 돈 관리법을 알아봤으니, 혹시나 누수되는 지출이 있는지 살펴보고, 소득의 변화 후 지출의 예상 변화도 짚어봅시다.

재무설계를 하다 보면 보험료와 통신비 지출 변경이 많은데, 그만큼 스마트폰이 대중화되었고 교체주기도 짧아졌기 때문입니다. 보통 우리가 휴대폰을 교체하러 가면 판매원들이 "할부원금이 어떻고 출시금, 지원금이 어때서 이 요금제로 가입하면 제일 저렴하다."라며 정신을 쏙 빼놓는 경우가 많습니다. 그래서 휴대폰 용어를 좀 정리해보겠습니다.

기기값, 즉 출고값은 말 그대로 휴대폰 단말기를 제조사에서 출고할 때의 가격을 말하는 거고, 통신사 공식지원금은 통신사에서 휴대폰을 개통할 시 통신사 자체에서 지원해주는 금액입니다. 그래서 우리가 휴대폰을 할부로 구입할 때는 할부원금이라는 말을 듣는데, 이 때 할부원금은 출고가에서 통신사 공식지원금을 뺀 금액을 말합니다. 이 할부원금을 24개월, 36개월 등 약정기간으로로 나누어서 매달 내는 금액이 월 할부금입니다. 월 할부금에는 4~5%대의 고금리 이자가 포함되어 있습니다. 따라서 휴대폰을 구입할 때는 할부보다 일시불이 더 유리합니다.

진규, 정연 씨 부부는 할부원금도, 이자도, 또 다른 높은 이자도 제각각 전부 다 내고 있습니다. 집의 인터넷과 유선TV도 너무 많은 금액을 내고 있기에, 모 통신사의 인터넷, TV, 통신요금을 결합하는 유·무선 결합상품을 활용해서 총비용을 낮추고, 휴대폰 할부금은 보험 적립금 특약을 삭제하면서 받은 환급금으로 상환했습니다.

부부의 통장 쪼개기에서 가장 중점을 둔 건 조금씩 투자 비율을 높이자는 것이었습니다. 초기에는 저축상품과 유사한 안정성 위주의 상품 으로 우선 배분했으며, 늘어난 소득에 대비해서 자산을 늘리는 데 포트폴리오를 맞추었습니다.

대표적인 상품으로 적립형 발행어음을 추천했는데, 발행어음이란 증권사가 지급을 약속하고 자체 신용으로 발행하는 만기 1년 이내의 단기 금융상품입니다. 즉 발행어음은 증권사, 종합금융회사가 자체 신용으로 어음을 발행해 일반 투자자에게 판매하는 상품으로, 일종의 '채권'이라고 생각하면 됩니다. 투자자가 금융사에 대출을 해주고, 그에 따른 이자를 받는 셈입니다.

발행어음은 1년 이내의 단기 투자상품이며, 확정금리를 제공하기 때문에 안전성 대비 높은 수익률을 가져갈 수 있다는 장점이 있습니다. 종합금융회사에서 판매하는 발행어음은 예금자보호대상 상품이며, 실제금리를 반영한 금리가 만기까지 확정되어 적용됩니다.

현재 거치식 발행어음의 경우 약 연 2.5%, 적립식 발행어음의 경우 연 3% 정도, 현재 판매 중인 적립형 발행어음의 연 수익률이 2.5% 정도입니다. 이들 부부는 모 투자증권에서 신규 고객으로 1인당 최대 월 50만 원, 연 600만 원까지이고, 1년 만기 기준 적용 금리가 연 5%인 상품에 가입했습니다.

"성공은 노력의 결실이니 실패를 근심하지 말고 태만을 경계하라." 가장 무서운 건 준비하지 못한 상태에서 미래를 맞이하는 것입니다. 모든 상황들은 예측 가능합니다. 이를 준비하기 위해서는 긍정적인 생각과 부지런함이 가장 필요합니다.

은행(25일,10일)

급여 통장	
708만 원 (순수 월수령액)	
진규	470만 원
정연	238만 원 (218+20)

성과급
2천만 원+@
(앞으로 성과,
상여금으로 지출)

CMA(수시) 현재: 대출 전액상환 후 240만 원 마련

비정기지출 자금통장	연간지출 640만 원
명절비·경조사	200만 원
자동차	140만 원
휴가비	300만 원

은행, 증권사(25일)

비소비성 통장	
350만 7천 원	
안정형 비율	80%
투자형 비율	20%
저율과세 및 비과세 비율	37%
노후 대비 비율	13%
자녀 대비	5.7%

은행(25일), 체크카드 사용

정기지출 통장	
357만 3천 원	
관리비	18만 원
식비	105만 원
통신비·인터넷	12만 원
유류·교통비	30만 원
부부 용돈	60만 원
의류비	30만 원
보험료	27만 3천 원
육아 관련	15만 원
친정엄마 용돈	60만 원

함께 목표를 이루어가요 - 맞벌이 부부의 재테크

전세 9년 차 부부의 고민은
매번 떨어지는 '청약'

#월590만원 #내집마련 #선저축

재무상담 전	
[정기지출]	
관리비 · 공과금	25.5만 원
생활비(식비 · 외식)	111만 원
통신료 (휴대폰4대 · 인터넷)	21.8만 원
교통비 (유류비 포함)	38만 원
교육비	52만 원
양가 용돈	40만 원
부부 용돈	80만 원
아이들 문화체험 · 용돈	25만 원
헌금	25만 원
보험료	69만 원
회비 (친정 · 시댁 칠순잔치)	20만 원
병원 · 약값 · 보조제	13만 원

재무상담 후	
[정기지출]	
관리비 · 공과금	25.5만 원
생활비(식비 · 외식)	80만 원
통신료 (휴대폰4대 · 인터넷)	14.5만 원
교통비 (유류비 포함)	38만 원
교육비 (학원비 추가)	72만 원
양가 용돈	40만 원
부부 용돈	60만 원
아이들 문화체험 · 용돈	25만 원
헌금	25만 원
보험료	39만 원
회비 (친정 · 시댁 칠순잔치)	0원(CMA에 분담된 잔치 비용 적립)

[비정기지출]	
의복·신발비	210만 원
자동차보험료 · 세금	90만 원
자동차수리비	30만 원
경조사비	120만 원
휴가	200만 원
[비소비성지출]	
주택청약통장 (남편, 납입 중단)	1,620만 원
자녀적금(대학)	10만 원
자녀적금(대학)	10만 원
내집마련 적금	50만 원

병원·약값·보조제	0원
[비정기지출]	
의복·신발비	210만 원
자동차보험료 · 세금	90만 원
자동차수리비	30만 원
경조사비	120만 원
휴가	150만 원
[비소비성지출]	
주택청약통장 (연말정산 공제 때문)	20만 원
자녀적금(대학) – 통신사 연계	17만 원
자녀적금(대학) – 발행어음	10만 원
내집마련 적금	50만 원
금펀드	20만 원
글로벌 배당펀드	14만 원
투자형 연금	20만 원

39살 은호 씨, 35살 민희 씨 부부는 첫 상담 때 질문했습니다. "재무 상담을 받으시는 분들은 부모님들께 용돈 얼마 드려요?" 부모님 덕분에 잘 컸고, 회사에 취업 후 열심히 돈도 모아 결혼해서 가정을 꾸리며 사는데, 결혼하고 나니 부모님이 얼마나 큰 정성과 사랑을 쏟았는지 절실하게 느꼈다고 합니다. 마음으로는 한 달에 용돈 100만 원도 넘게 드리고 싶지만, 한 달에 20만 원 드려도 잘 드린 것 같다고 합니다. 부부는 8살 기훈, 7살 지훈 형제를 키우고 있습니다. 교육비, 식비, 의

류비 등에 드는 비용은 과감하게 쓰면서도 부모님께는 제대로 용돈도 드리지 못하고 있는 것 같아 죄송한 마음이라고 합니다.

하지만 앞으로가 더 걱정입니다. 초등학생인 두 아이 교육비가 52만 원이나 나가는데, 중학교와 고등학교에 가면 얼마나 더 나갈지 상상조차 안 됩니다. 친구들의 이야기를 듣다 보면 지역별로 교육비의 차이가 꽤 나는 것 같아, 교육비가 좀 저렴한 곳으로 이사가야 하나 하는 마음도 드는 게 생각이 많아져 상담을 신청했습니다.

현재 이들 가족은 전세로 살고 있습니다. 아이들을 키우고 먹고살기에 바빴다는 핑계를 대고 싶지만, 실제로는 돈이 넉넉지 못해서 집을 못 샀다며 쑥스럽게 말합니다. '더 모아서 사야지.' 했는데, 돈을 모으는 속도보다 집값이 오르는 속도가 빨라 결국 타이밍을 못 잡았다며 말이죠. 다행히 주택청약통장은 결혼 후 만들어서 지금까지 가지고 있는데, 청약을 넣을 때마다 미끄러져서 아직까지 당첨이 되지 못했습니다. 더 늦기 전 청약이 아닌 다른 방법으로 집을 사야 하나 고민도 생긴다고 합니다.

"2020년에는 저희 가족의 집이 있었으면 좋겠고, 더 열심히 벌어 부모님께도 더 많은 용돈을 드리고 싶어요."

전세로 사는 게 나쁜 건 아니잖아요?

우리나라에는 주거에 관련된 여러 정책이 있습니다. 사회초년생에게는 전세와 월세를 지원해주는 대출 제도와 중소기업 전세자금 대출 제도, 또한 서울시 같은 경우에는 역세권에 주변 시세보다 저렴하게 양질의 신규 아파트를 공급하는 사업인 '역세권 2030 청년주택' 사업을 통해서 공공임대주택은 월 10만 원대, 민간임대주택은 주변 시세의 85~95% 가격으로 공급합니다.

신혼부부의 경우에는 1.3%의 저금리의 대출 지원과 주변 시세보다 저렴한 가격으로 아파트를 분양하는 신혼희망타운 제도도 있습니다. 또한 무주택 세대주들이 우선 공급으로 아파트를 분양받을 수 있는 무주택 특별공급 제도도 있으며, 굳이 주택을 사지 않아도 임대 아파트라는 제도도 있습니다.

그런데 왜 많은 사람들의 재무목표 우선순위는 주택에 관련된 비용일까요? 자가에서 오는 편리함이라든지, 이사 가지 않아도 된다 등의 여러 이유가 있겠지만, 역시 투자 목적도 큽니다.

서울시 아파트에 국한해서 보면 주택 가격이 뛰어도 너무 뛰었습니다. 최근에는 신규 아파트의 경우에는 분양 후 입주 시 거의 물가상승률의 몇 배, 몇십 배를 넘어서 폭등을 했습니다. 정부는 자주 부동산 규제 대책을 펴는데도 주택 가격은 일시적인 정체는 있어도 끊임없이 올라갑니다. 오히려 정부의 주택 안정화 정책으로 인한 여러 제도들이 오히려 고가의 주택이 많은 계층보다는 집 하나 있는 서민들을 더 쥐어짜는 느낌까지 듭니다. 정부의 부동산 기조는 강남3구와 '마용성(마포·용산·성동구)'의 주택을 타깃으로 고가주택을 잡는다고 하는데 현재로서는 잘 모르겠군요. 지금 중요한 것은 아니니 자세한 설명은 하지 않겠습니다.

개인적으로 배우고, 알고, 체험하기로는 시장 가격을 움직이는 건 매매, 즉 수요와 공급의 문제입니다. 지금처럼 하루가 다르게 새로운 제도와 세금 등의 복잡한 수식보다는 그냥 강남구, 서초구, 잠실구, 마포구, 용산구, 성동구의 비어 있는 땅에 국가가 직접 아파트 등의 건축하든가, 놀고 있는 자투리땅이 부족하다면 집값이 계속 올라가는 지역에 오래된 빌라 등을 사들여서 평수가 작은 아파트나 공동주택 등을 많이 지어버려서 장기 임대해주는 건 어떨까요? 현재 결혼을 안 한 1인 가구와 결혼을 해도 아이를 낳지 않는 2인 가구, 아이를 하나만 낳는 3인 가구 등 작은 가구의 세대들이 점차 늘고 있으니까 말입니다.

개인적으로 이렇게 된다면 출산율도 결혼율도 올라갈 것이고, 건설 붐도 붙어서 시장 경기가 좀 좋아질 것 같습니다. 또한 심리적으로 목 좋은 곳에 임대 아파트 등이 들어설 수도 있다는 기대감에 매수 시기가 늦어지면서 주택값도 좀 안정적으로 변하지 않을까 하는 생각도 듭니다.

주택 구입 시에 따른 현금흐름을 계산해야 합니다

부부는 현재 3억 5천만 원의 아파트에 대출 없이 전세로 살고 있습니다. 부부가 50만 원씩 아끼고 모으는 내집마련을 위한 저축이 1년이면 600만 원(단순 계산을 위해서 이자는 제외), 20년을 꼬박 모아야지 1억 2천만 원, 억 단위의 돈을 모을 수 있습니다. 차라리 2억 원의 대출을 받고 주택을 사면 이자가 대략 50만 원(30년 상환 3.2% 이자)이 지출되지만, 주택 구입으로 인한 시세차익이 상대도 안 될 만큼 높기에 누구나 주택에 관련된 꿈을 최우선으로 세웁니다.

그렇다면 부부는 주택을 구입했을 때는 어떤 상황에 직면하게 될까요? 주택 장만 시 현금흐름표에는 다음이 추가될 것입니다.

정기지출	주택상환(추가 예상원금＋원리금) 87만 6천 원(원리금 균등상환 2억 원 대출 시 30년 상환 3.3%)
비정기지출	부동산 수수료, 취득세, 이사 및 인테리어 비용 2천만 원 세금(자가로 인한) 74만 원 예상

이로 인해 바뀔 재무상황을 비교해보면 다음과 같습니다.

• 2020년 재무목표

구분	현재	주택마련 시
단기	1. 작은아이 교육비 2. 가족여행(친정과 시댁) 3. 십일조	1. 주택마련 비용 2. 작은아이 교육비
중기	1. 주택마련 2. 차량 교체 3. 4인 가족여행 4. 아내의 전직	1. 주택대출상환 2. 4인 가족여행
장기	1. 노후연금 2. 자녀 대학자금	1. 노후연금(부족분 주택연금 연동) 2. 자녀 대학자금

부부는 현재의 상태(전세로 거주 시)에서 2020년도에 바라는 꿈이 있습니다. 청약점수가 아직 부족하기에 어차피 시간이 걸려야 해결된다

는 생각으로, 우선 부부는 현재의 지출을 좀 줄여서 둘째 아이의 영어 학원을 학원비에 추가하려고 생각했다고 합니다(기존의 태권도 학원 유지). 그리고 상담을 받기 전 갱신형 보험료의 문제점을 자주 봤기에 상담을 통해 보험료를 조정받아 매달 여유분으로 그동안 못했던 십일조를 하려고 하고, 보험 해지환급금을 통해서 가족여행을 갈려고 했다고 합니다.

부부가 주택마련 시(현재 전셋집과 지하철역으로 두 정거장 뒤쪽에 위치한 아파트를 몇 번 봤는데 현재 세금으로 인해서 급매물이 나왔다고 함, 현재 전세 3억 5천만 원에서 2억 원 부족) 2020년도에 목표가 바뀝니다. 주택을 사게 되면 분양이 아닌 기존 주택의 급매로 구입해야 합니다. 이에 따른 부동산 소개비, 도배나 장판, 싱크대 및 새시(sash) 교체 등의 인테리어 비용과 취득세 비용이 지출됩니다. 이로 인해서 줄일 수 있는 건 모두 줄인 상태에서 비용을 마련해야 합니다(현재의 주택청약저축을 활용). 그리고 매월 나가는 대출상환 비용에 대한 압박감으로 인한 십일조와 올해의 가족 전체 여행은 포기해야 합니다.

자가를 마련한 것처럼 생각하고 줄이자

현재 나와 있는 급매물의 가격은 6개월 정도 가격 변동이 없었습니다. 부부가 자가를 사려고 하는 동네의 시세를 보니 최근 보합이거나 조금 떨어진 매물도 보입니다. 앞으로 집값이 어떻게 될 것인지 정확히 예단하기는 힘들지만, 일단 지금 본 아파트는 매수하지는 않았습니다. 상반기 때는 조금 관망하면서 일단 씀씀이부터 줄이기로 했습니다.

식비의 원인을 분석해보았습니다. 온 가족이 집 앞의 대형마트에 쇼 핑하는 것처럼 저녁에 가다 보니 항상 예산안보다 2~3배 높은 소비 를 하고 있었습니다. 냉동실이 모자랄 정도로 식자재 관리가 되지 않 는다고 해서 주말마다 냉동실 음식 요리하기 등으로 인해서 식자재비 를 절감하기로 했습니다.

그다음 부부의 통신 내역을 보니 휴대폰 할부금 할인율을 높이기 위 해서 신청된 부가서비스가 굉장히 많았습니다. 흔한 음악 듣기부터 무 료 방송 보기까지, 전부 해지하고 휴대폰 요금제를 사용량에 맞게 전 부 전환했습니다.

부부 모두 회사에서 식대가 포함된 실수령액을 수령하다 보니 부부 의 용돈에서 해결해야 합니다. 다행히 아내의 직장은 구내식당이 있 어서 식권 사용으로 식대비를 줄일 수 있었습니다. 부부가 식대 항목 을 조금씩 줄여서 현재의 이·미용비가 포함되는 용돈을 조금 절감하 기로 했습니다.

가족의 보험은 지인을 통해서 한 보험사에 전부 가입되어 있었습니 다. 갱신형 건강보장 특약으로 인해서 월 불입액을 줄이고, 대신에 적 립을 많이 해서 만기 시 환급을 받을 수 있는 구조로 설계되어 있었죠.

갱신형 보험은 보장기간과 납입기간이 동일합니다. 예를 들어서 3년 갱신 100세 만기의 갱신형 보험에 가입하면 100세까지 보험료를 불 입해야 합니다. 비갱신형 보험은 만기기간을 정하고 납입기간을 20년, 30년 등으로 정할 수 있다. 갱신형과 비갱신형의 가장 큰 차이는 보험료입니다. 갱신형 보험은 시간이 지날수록 보험의 기본적인 위험(나이가 들수록 질병에 걸릴 확률)으로 인해서 보험료가 계속 올라가지만, 비갱신형은 그렇지 않습니다.

물론 은호, 민희 씨 가족처럼 적립금을 보험료에 구성하지 않고 가입하면 젊은 시기에는 정액형 보험보다는 보험료가 쌀 수 있습니다. 하지만 부부는 100세 만기 시 보험을 환급받을 수 있다는 것과 벌써 위험 보험료는 오르고 있다는 걸 확인했습니다. 결국 3년 만기 갱신의 상품의 특성상 어차피 현재의 보험을 100세까지 납입해야 한다는 현실에 가족 보험 전체를 교체했습니다.

마지막으로 부부의 상여금 총액 700만 원보다는 비정기지출액(현재 650만 원)이 낮지만, 비정기지출을 잘 활용하면 종잣돈을 만들 수 있기에 전체적으로 조금씩 줄이기로 했습니다.

눈앞의 내집보다 저축액 높이기

부부는 지금 당장 아파트를 구입하지 않지만, 구입했다 생각하고 1차 줄이기를 통해서 생활하기로 했습니다. 이는 다음에 내집마련 시 갑작스러운 긴축 생활에 대한 어려움을 줄일 수도 있습니다. 앞에서도 말했지만 최근 몇 번 본 아파트는 지난 6개월 동안 큰 가격 변동이 없었고, 2020년 상반기 정부의 추가 부동산 정책을 조금 지켜보고 매입해도 될 것 같아서 좀 더 지켜보기로 했습니다. 대신 아이들의 교육비를 추가하기로 했습니다. 생활비를 재점검해 부부의 저축액은 늘어났으

• 은호·민희 씨 부부의 재무관리 시스템 •

은행(10일, 25일)

급여통장	
570만 원 (순수 월수령액)	
은호	350만 원
민희	230만 원

은호, 민희 씨의 상여금은 CMA통장으로 이동해 비상자금과 비정기지출 통장으로 활용

CMA(수시) 현재*

비정기지출 자금통장	연간지출 600만 원
의복·신발	210만 원
자동차보험료·세금	90만 원
자동차수리비	30만 원
경조사비	120만 원
휴가	150만 원

은행, 증권사(25일)

비소비성 통장	
151만 원	
투자상품 비율	36%
안전상품 비율	64%
주택관련 비율	55%

은행(25일), 체크카드 사용

정기지출 통장	
419만 원	
관리비·공과금	25만 5천 원
생활비(식비·외식)	80만 원
통신료(휴대폰 4대·인터넷)	14만 5천 원
교통비 (유류비 포함)	38만 원
교육비	52만 원 + 추가 학원비 20만 원
양가 용돈	40만 원
부부 용돈	60만 원
아이들 문화체험	25만 원
헌금	25만 원
보험료	39만 원
병원·약값·보조제	비정기지출

* 보험 해지환급금으로 휴대폰 할부잔액과 양가 부모님 칠순잔치 비용으로 정한 금액 1천만 원을 CMA에 적립해서 월 지출액을 줄임, 남은 137만 원은 비정기지출 통장에 적립해 부부 상여금과 합해서 비정기지출 통장과 비상금 통장으로 활용

함께 목표를 이루어가요 - 맞벌이 부부의 재테크

며, 이 중 반 이상 주택마련을 위해서 저축하기로 했습니다.

최근 주식 시장을 보면 시장의 작은 이슈 하나만을 따라서 엄청난 자금들이 이동하는 게 보입니다. 부동산 또한 규제를 피한 지역의 청약 시장에 돈이 몰리는 모습입니다. 모두는 아니지만 많은 사람들이 '내 재가치'를 보지 않고 '이슈'에 따라 무분별하게 움직여 투기를 양산하고 있습니다.

아직도 거리 곳곳에는 공실의 상가들이 많이 보입니다. 왜 공실의 상가들이 점점 늘어나는지 한번 심각하게 생각해봐야 합니다. 열심히 일하고 세금도 꼼꼼하게 내고 알뜰하게 아끼고 해서 돈을 모아서 재테크를 한 사람도 당연히 세금을 내야 합니다. 하지만 정부의 정책에 있어서 '묻지마 투자' 등으로 투자를 부추겨서 일확천금을 노리는 사람들과 사기꾼들과 '이리저리 피해 다니며 돈 있는 데도 세금을 잘 안 내는 사람'들에게 효과적으로 세금을 걷을 수 있는 정책들이 나왔으면 하는 작은 바람입니다.

맞벌이 부부의 연말정산은
어떻게 해야 할까요?

#월474만원 #연말정산 #꿀팁 #새해에는 #필수

맞벌이를 하고 있는 인종, 영화 씨 부부. 아내인 영화 씨는 전 직장을 그만두고 3개월 정도 쉬다가 재취업을 했습니다. 올해 연말정산을 하면서 인종 씨는 아내 것까지 공제받으려 했지만 전 직장의 소득이 있어 공제받지 못했습니다. 매년 연말정산 때만 되면 인종 씨는 억울하다고 합니다. 각종 공제 항목이 이리도 많은데, 자신에게는 해당되는 항목이 없는 것 같아 불만입니다. 그나마 받을 수 있는 신용카드 및 체크카드 공제의 경우 소득의 25%를 초과해서 사용한 금액에 대해 소득공제가 됩니다. 인종 씨 부부는 돈을 많이 써야 공제를 받을 수 있다고 생각해 신용카드 사용이 일상화되었습니다. 마트, 편의점, 인터넷 쇼핑, 영화, 도서, 관리비 등 모든 걸 신용카드로 결제한다고 해도 과언이 아닐 정도입니다.

그러다 보니 부부가 예상한 금액을 훌쩍 넘게 사용하는 경우도 있습니다. 아무래도 현금은 있으면 쓰고 없으면 안 쓰게 되는데, 신용카드는 계속 쓰게 되는 문제가 발생합니다. 아내 영화 씨는 신용카드를 사용하면 할인 혜택이 많다면서 줄이고 싶지 않다고 합니다.

인종 씨는 연말정산 시 본인 인적공제, 안경공제, 연금공제, 신용카드 공제를 받고, 영화 씨 역시 인종 씨와 비슷하지만 거기에 부녀자 공제와 보험료 공제가 추가됩니다. 이들 부부가 현재 사용하고 있는 카드 종류와 지출내역은 다음과 같습니다.

지출내역		
지출방법	항목	금액
신한카드	아파트 관리비 · 공과금	15만 원
신한카드	식비 · 외식비	64만 원
국민카드	교통비(지하철 · 버스)	17만 원
국민카드	통신비 · TV · 인터넷	19만 원
삼성, 국민	부부 용돈(점심값 포함)	80만 원
자동이체	대출이자(전세자금 · 약관대출 · 마이너스대출)	25.5만 원
자동이체	부부보험(건강 · 실손 · 암 · 치아 · 종신) 태아보험	66만 원 (견적받는 중)
국민카드	문화생활(뮤지컬 · 영화 · 도서 등)	21만 원
자동이체	명절비	10만 원
자동이체	경조사비	5만 원
삼성카드	의류구입 · 미용비	17만 원
자동이체	적금	100만 원
자동이체	아이 출산 적금	20만 원

돈 관리는 아내인 영화 씨 담당입니다. 각종 공과금, 보험료, 세금 등 다 아내의 신용카드 및 통장에서 빠져나가고 있습니다. 보험 계약 역시 아내 이름으로 한 상태다 보니 소득공제는 전부 영화 씨가 받고 있습니다.

하지만 내년쯤이면 상황이 조금 바뀔 것 같다고 합니다. 현재 영화 씨가 임신 12주에 들어섰기 때문입니다. 이때쯤 되면 자녀공제는 어느 쪽으로 하면 되는지 벌써부터 궁금해진다고 합니다. 인종, 영화 씨 부부는 연말정산을 과연 어떻게 준비하면 될까요? 그리고 신용카드를 이렇게 사용해도 되는 걸까요?

이들의 소득은 각각 220만 원과 254만 원으로 총 474만 원입니다. 이들 부부의 자세한 지출내역과 지출방법은 앞에서 표로 정리했습니다. 이를 바탕으로 연말정산에 대해 알아보도록 하죠.

연말정산은 무엇인가요?

누구는 40만 원을 세금으로 토해내야 한다고 하고, 누구는 25만 원을 환급받는다니, 이렇게 연말정산 결과에 따라서 희비가 엇갈립니다. 2019년 정산은 이제 끝났으니, 2020년에는 미리미리 잘 대비해야겠죠?

모든 소득(비과세 소득은 제외)에는 당연히 소득세라는 세금이 따릅니다. 소득세는 개인의 소득에 대해 부과하는 조세로, 매년 1월 1일부터 12월 31일까지 국내 개인 거주자에게 발생한 모든 소득을 합산해 과세합니다(국내 비거주자는 국내원천소득에 한해 과세). 이런 소득세는 1년 동안 개인에게 발생한 이자소득, 배당소득, 사업소득, 근로소득, 연금소득, 기타소득을 모두 합산해 과세표준을 산출하고, 각 과세표준에 정해진 누진세율을 곱해 과세합니다. 이를 종합합산과세라고 합니다.

원천징수란 무엇일까요? 급여명세서를 보면 소득세와 지방세가 차감되어 나오는데, 이렇게 차감되는 걸 원천징수라고 합니다. 원천징수는 회사가 근로자에게 소득을 지급할 때, 국가를 대신해 근로자가 내야 할 세금을 징수하고 납부까지 하는 것을 말합니다.

연말정산이란 매달 월급에서 원천징수된 세금을 국세청이 연말에 결산하고 각종 공제를 적용해서 실제 근로자가 납부한 세금과의 차액을 이듬해 2월에 환급해주거나 추가 납부하도록 하는 절차입니다.

쉽게 말해서 매월 근로자는 회사가 일정의 요율에 따라 국가를 대신해서 소득세와 지방세를 징수한 월급을 받습니다. 회사가 근로자의 소득에서 미리 국가를 대신해서 세금을 떼기 때문에, 국가의 입장에서는 세금이 누락되는 것을 막을 수 있습니다. 근로자의 입장에서는 나중에 1년치 세금을 한꺼번에 내야 하는 일도 없고, 매월 자체적으로 빠져나가는 시스템이니 신경 쓸 필요가 없습니다.

하지만 상여나 잔업수당 등 근로자의 급여는 저마다 다르고, 개인에게 적용되는 공제 혜택들도 다양하기 때문에 따로 연말정산을 하게 됩니다. 이렇듯 자신의 소득에서 1년 동안 원천징수한 금액을 공제해서 세금을 환급받든지, 더 내야 하기에 공제 항목들이 중요합니다. 가족을 구성하고 있는 인적공제(부양가족 수)와 의료비,

교육비, 보험료 사용액은 물론, 소득공제냐 세액공제냐에 따라 세금 규모가 달라지기 때문입니다.

우선 소득공제 항목에는 근로소득공제, 공제 항목이 큰 인적공제, 국민연금 등의 4대보험료 공제, 주택대출 공제, 청약저축 공제, 카드 사용액 공제 등이 있습니다. 세액공제는 기부금 공제, 의료비 공제, 교육비 공제, 월세액 공제, 보장성 보험료 및 개인연금저축 공제 등이 있습니다. 소득공제는 자신의 소득에서 공제 항목들의 금액을 차감하기 때문에, 소득에 따라 세금요율이 다른 우리나라의 세금체계에서는 과세 대상 금액을 낮춰 세금 구간을 변경시키는 것이 장점입니다. 세액공제는 근로소득에 대해 원천징수된 세금의 금액을 조정하는 특징을 가지고 있습니다.

맞벌이 부부의 연말정산 전략

인종, 영화 씨 부부 같은 맞벌이 부부들은 연말정산 시 부부 중에 누구에게 어떤 공제를 하는 게 더 유리한가에 대해서 많이 물어보곤 하는데, 한번 정리해봅시다.

✔ 신용카드 공제

신용카드나 의료비 같은 경우에는 기본 사용액 조건이 있습니다. 의료비는 총급여의 3%, 신용카드는 총급여의 25% 이상 지출해야 공제를 받을 수 있습니다. 그래서 신용카드 소득공제는 소득이 적은 배우자가 공제받는 것이 유리합니다. 또한 신용카드 소득공제의 경우 결제자 기준으로 공제하는 것이 아니고, 카드 명의자 기준으로 공제되는 것이므로 부부 중 신용카드 공제를 더 많이 받을 수 있는 배우자 명의로 발급한 카드를 많이 사용하는 것이 유리합니다.

✔ 부양가족 공제

맞벌이 부부의 부양가족 공제는 부부 중 한 명만 받을 수 있습니다. 일반적으로 부부 중 종합소득 과세표준이 높은 쪽으로 부양가족 공제를 받는 것이 유리합니다. 하지만 종합소득세 자체가 소득이 많을수록 세율이 올라가는 누진세 구조이므로 부부가 종합소득 과세표준이 비슷할 경우에는 부양가족을 적절히 배분해서 공제받는 것도 좋은 방법입니다.

✔ 의료비 공제

대부분의 경우 부부 중 소득이 많은 쪽에서 공제받는 것이 유리하나, 앞에서 말했던 것처럼 의료비 세액공제 또는 신용카드 공제 같은 총소득 대비 최저사용금액 조건이 있는 경우에는 소득이 적은 배우자가 지출하고 공제받는 것이 유리합니다. 즉 의료비 공제는 총급여액의 3% 초과분에 대해 공제가 적용되므로 부부 중 한쪽으로 몰아서 받는 것이 유리합니다. 또한 소득이 있는 배우자를 위해 본인이 지출했을 경우에도 그 금액은 공제가 가능합니다. 꼭 본인의 의료비를 본인이 지출한 경우만 공제되는 것은 아닙니다. 단, 부양가족의 의료비 한도(연 700만 원)가 있기에 700만 원 이상일 경우에는 잘 분산해서 활용해야 합니다.

의료비라고 꼭 병원과 약국에서의 지출만 가능한 것은 아닙니다. 안경, 콘택트렌즈 구입 비용(인당 연 50만 원 한도), 보청기 및 휠체어 등 장애인보장구 구입 비용, 난임시술비 등도 포함되니 꼭 체크해보세요. 마지막으로 의료비 공제는 중복 적용이 가능한 항목이니 부부에게 분산해 공제가 가능합니다. 의료비가 들어간 부부의 당사자에게는 신용카드 공제(신용카드 공제는 카드 명의자만 가능)를 하고, 의료비 공제는 배우자로 분산해서 공제합니다.

✔ 보험료 공제

보험료 공제는 부부 중 본인이 계약자이면서 동시에 피보험자가 될 경우만 공제가 가능합니다. 본인이 계약자인데 피보험자가 배우자일 경우 부부 두 사람 다 공제가 적용되지 않습니다. 계약자, 피보험자가 본인인 경우만 공제가 가능하다는 것을 기억합시다.

주택에 관련된 연말정산(무주택자, 1주택자 해당)

✔ 월세 세액공제

무주택 세대주(단독 세대주 포함)나 세대원인 근로자여야 하며, 총급여액이 7천만 원 이하인 경우에만 가능합니다. 돌려받을 수 있는 금액은 월세로 지급한 총금액의 10%입니다. 주거용 오피스텔, 고시원을 포함한 국민주택규모(85m² 이하)의 주택을 월세로 임차한 경우여야 합니다. 전입신고는 필수적으로 해야 합니다(임대차계약서와 주민등록상 주소지가 일치해야 함). 이 조건에 부합 시 연간 최대 750만 원까지(연간 월세액의 10%를 공제) 소득공제를 받을 수 있습니다. 연봉 5,500만 원 이하 무주택자라면 최대 12%까지 공제받을 수 있습니다.

✔ 전세자금대출 소득공제(주택임차자금 차입금 원리금 상환액 소득공제)

근로소득이 있는 무주택 세대주여야 하며, 전용면적 85m² 이하의 주택에 대해서 전세자금대출에 대한 이자는 물론 상환액까지 공제할 수 있습니다. 지급한 총금액의 40%(300만 원 한도)를 소득에서 공제하므로 원리금 합계액을 750만 원까지 맞추는 것도 하나의 팁이죠.

✔ 주택담보대출이자 소득공제(장기주택 저당 차입금 이자 지급액 소득공제)

주택을 구입한 시점의 기준시가가 5억 원 이하의 주택을 구입했을 경우 차입금의 상환기간이 15년 이상이고(2015년 1월 1일 이후 차입분부터는 차입금의 상환기간이 10년 이상인 장기주택 저당 차입금의 이자를 고정금리로 지급하거나 그 차입금을 비거치식 분할상환하는 경우 300만 원 한도로 공제 가능) 주택을 담보로 대출받은 은행에 지급한 이자에 대해서 소득공제를 해줍니다(2주택 이상의 다주택자 제외). 300만 원부터 연간 최대 1,800만 원까지 소득공제가 가능합니다.

✔ 전세보증금 반환보증보험 세액공제(임차보증금 반환보증보험료 세액공제)

전세보증금 반환보증이란 임대인(집주인)이 전세금을 반환하지 않는 경우, 그 전세보증금의 반환을 책임지는 보증상품입니다. 보증 대상 임차보증금이 3억 원 이하인 경우 100만 원 금액을 한도로 보험료의 12%가 세액공제 가능합니다.

✔ 청약통장 소득공제

총 급여액 7천만 원 이하, 무주택 세대주여야 하며, 연간 240만 원을 한도로 불입한 금액의 40%를 공제[연간 최대 인정액 96만 원(=240만 원×40%)]해줍니다.

영화·인종 씨 부부의 재무관리 시스템

신혼부부의 경우 특히 부모님의 도움을 받지 못하고 결혼했을 경우에는 자산에서 순자산보다 부채의 비율이 높을 수도 있습니다. 영화, 인종 씨 부부의 경우도 그렇습니다. 그런데 문제는 연금으로 알고 있는 종신보험의 적립금에서 나가고 있는 약관대출 금액입니다. 연금보험으로 잘못 알고 있는 종신보험도 문제지만, 이 보험을 대상으로 5%씩 나가는 이자 비용이 너무 잘못되었습니다.

현재 아내는 임신 중입니다. 아무리 육아수당이 잘 되어 있다고 하지만 부부의 소득은 출산 전후로 100만 원 이상(아내의 복귀 전까지) 떨어질 것입니다. 지금 잘못된 부분을 수정하고, 아내의 출산을 대비해서 모을 수 있는 만큼 모아야 합니다. 지출이 많은 부부는 아니지만 모을 수 있을 때 많이 모아야 합니다.

두 번째로는 연말정산에 대한 잘못된 정보로 인해서 충분히 체크카드로 지출할 수 있음에도 신용카드로만 지출하고 있습니다. 이는 계획보다 많은 지출을 유도합니다. 영화, 인종 씨 같은 경우에는 용돈을 신용카드로 지출하다 보니, 사용금액이 들쭉날쭉하고 계획보다 많은 지출을 하는 달이 많아 문제입니다.

우선 약관대출을 받은 종신보험을 해지하고, 대출금액을 제외한 해지환급금(377만 원) 중 177만 원은 비정기지출 통장인 CMA로 이동 후 비상자금으로 쓰기로 했습니다. 그런 다음 매월 지출되는 정기지출 통장에 나머지 200만 원을 입금하고, 이달부터 메인 지출카드로 쓰기로 했습니다.

재무적 행복은 어디서 올까요? 우리나라 속담에 "나무를 보지 말고 숲을 봐라."라는 말이 있습니다. 눈앞이 아닌 먼 미래를 봐야 한다는 뜻이죠. 재무설계든 재테크든 바로 앞이 아닌 10년 뒤에 어떻게 변해 있을지 생각해보면 모든 것이 명확해질 것입니다.

은행(25일)

CMA(수시) 현재: 177만 원 확보(해지환급금 일부),
매월 정기지출 통장에서 47만 원씩 이동

급여 통장	
474만 원 (순수 월수령액)	
인종	220만 원
영화	254만 원

보험해지금
377만 원 중
177만 원
(매월 47만 원씩)을
CMA로 이동

비정기지출 자금통장	연간지출 564만 원
경조사비	월 5만 원
명절비	월 10만 원
미용·의류비	월 17만 원
여행비	월 15만 원

은행, 증권사(25일)

비소비성 통장	
202만 8천 원	
안정형 비율	70%
투자형 비율	30%
저율과세 및 비과세 비율	70%
노후 대비 비율	15%
출산 대비 소득대체 비율	55%
대출상환 대비 비율	15%

은행(25일), 체크카드 사용

정기지출 통장	
271만 2천 원	
관리비	15만 원
식비·외식비	75만 원
교통비	17만 원
통신비·TV· 인터넷	10만 4천 원
부부 용돈	45만 원
대출이자	20만 5천 원
보장성 보험	26만 3천 원
문화생활· 생필품	15만 원
비정기지출	47만 원

당신이 재테크 고민에서 벗어나기를

수백 수천 번의 상담을 진행했지만, 경제 고민으로 저를 찾아온 여러 사람들의 이야기를 들으며 걱정으로 밤을 지새우는 날이 많았습니다. 상담이 없는 순간에도 고객의 현실을 떠올리며 "왜?"라고 끊임없이 생각합니다. 재무상담을 받으러 오는 사람들이 "돈이 없다"에서 "돈이 있다"를 거쳐 "화수분 통장이 생겼다" "여유가 생겼다"라고 피드백이 왔을 때 저의 개인적인 1차 고민이 해결됩니다.

어떻게 보면 재무 솔루션은 아주 간단한 평범한 로직입니다. 재무상담 후 누구보다 더 열심히 사는 고객의 예를 한번 들어보겠습니다.

재완 씨는 결혼을 앞둔 평범한 직장인이었습니다. 그런데 재작년 여기저기에서 비트코인에 투자해서 돈을 벌었다는 이야기가 들려와, 스스로 전셋집 자금을 해결하고자 비트코인에 6,500만 원을 투자합니다. 그러나 석 달 만에 자금의 반 정도를 잃었습니다. 결국에는 혼자 끙끙

앓다가 이 모든 사실을 예비신부와 가족에게 알릴 수밖에 없었고, 죽을 만큼 힘들었다고 합니다. 다행히 가족들이 이해해주었기에 지금의 결혼생활을 할 수 있었습니다.

사회초년생과 1인 가구들의 재무상담을 하면 결혼자금에 대한 이야기를 많이 합니다. 막연하게 준비하는 저축은 효과를 제대로 볼 수 없기에 결혼자금을 준비할 때 시기를 정해두고 저축을 시작하는 것이 더욱 도움이 됩니다. 물론 결혼자금이라는 목적을 가지고 자금을 준비할 때(보통 2~3년 전)와 실제 결혼의 시기는 다릅니다. 하지만 처음에 목적자금을 계획할 때 2~3년의 단기자금으로 준비하려고 했기에, 무리하게 수익을 추구하는 것은 위험할 수 있습니다. 재완 씨처럼 말입니다.

이럴 때는 원금보장이 되는 저축과 자신의 투자성향에 따라서 원금보장에 가까운 발행어음, 채권형 펀드의 상품으로 준비를 하는 것이 좋습니다. 그리고 1~2년 모은 종잣돈을 모았지만 당장 결혼을 할 계획이 없다면, 원금 부분이 보장되는 ELS상품 등으로 목돈을 굴리면 됩니다. 재무상담을 간단하게 생각하면 방금 몇 줄의 글처럼 쉽게 정리할 수 있습니다. 솔루션 또한 뻔합니다. 그런데 왜 우리는 달라지지 않을까요? 꾸준한 실천을 하지 않아서입니다. 다시 한번 강조하지만 '실천'이 제일 중요합니다.

강의를 하고 나서 참석자 중 한 사람이 "앞으로 우리나라가 어떻게 될 것 같습니까?"라며 질문합니다. 제가 신도 아니고 어떻게 알까요. 역으로 질문을 던졌습니다. "앞으로 우리나라에는 노후자금에 대한 큰 문제가 생길 것 같은데 왜인지 아십니까?"

갈수록 노후가 문제인 이유는 두 가지입니다. '고령화'와 '인플레이션' 때문입니다. 먼저 고령화 문제를 보죠.

30년 전 A라는 사람의 기대수명은 70세, 20년 전 B라는 사람의 기대수명은 80세, 10년 전 C라는 사람의 기대수명은 90세, 현재 D라는 사람의 기대수명은 100세입니다. 국민연금을 60세부터 지급한다고 했을 때, A에게는 10년만 지급하면 됐지만 D에게는 40년 동안 지급해야 합니다. 국가가 국민연금에 금액을 지급하는 것도 한계가 있기에 국민연금은 불가피하게 수정될 수밖에 없습니다. 우리나라 국민연금은 50년도 채 되지 않았기에 쌓여 있는 복지예산이 많지 않습니다. 당연히 부담해야 할 부담금은 갈수록 늘어날 것입니다.

다음으로 인플레이션 문제입니다. 고령화로 인해 필요한 복지금액이 늘어나면서 세금 또한 늘어나게 됩니다. 최근 최저임금 인상, 세금 증세로 인해 인플레이션이 계속되어 소비가 줄어들고 있고, 반면 물가는 오르면서 스태그플레이션과 비슷한 조짐도 보였습니다. 물가가 계속해서 오르고 갈수록 허리띠를 졸라매는 가정이 늘면서, 그로 인해 기업들은 나가떨어지는 상황이 되죠. 계속해서 오르는 물가를 감당하지 못하고 이익의 감소로 인해 다른 곳으로 눈을 돌리게 되는데, 자연스레 해외로 회사를 옮기는 일이 늘어납니다.

그렇다면 인플레이션 때문에 기업들이 해외로 나가는 것과 연금은 무슨 관계가 있을까요? 기업이 해외에 출장을 보내거나 발령을 내리려고 한다면 기혼자보다 미혼자를 더 선호할 것입니다. 기혼자는 가족에 묶여 있기 때문입니다. 그렇기 때문에 미혼자 위주로 내보내려 할 것이고, 정년이 짧아질 수밖에 없습니다. 65세가 정년이라고 하지만, 실제로 기업에서 다 지키진 않습니다. '정년이 짧다'라는 건 노후의 준비기간은 짧고 소득 없는 노후기간이 길어지게 된다는 뜻이죠. 많은 이들이 은퇴 후 퇴직금을 받아 새로운 소득을 만들어내고 싶어 하지만, 물가(지가 · 임대료 · 인건비)가 비싸서 할 수 없습니다.

일본의 노후 상황을 한번 봅시다. 일본은 한때 잘사는 나라였고, 현재도 잘살고 있는 나라입니다. 일본이 잘사는 이유는 제2차 세계대전까지 거슬러 올라가야 합니다. 일본은 진주만 공격으로 아시아뿐 아니라 유럽, 태평양까지 전쟁을 일으킵니다. 그러나 패망했고, 그 후 산업 부활을 목표로 열심히 뛰기 시작합니다. 부지런하고 성실하고 정교하다라는 근로의 윤리 안에 사람들이 열심히 일합니다. 또한 그렇게 번 돈으로 소비하기보다는 아끼고 은행에 저축합니다. 그 저축한 돈이 계속 기업에 투자가 되는 선순환 구조를 가지게 된 거죠.

이렇게 해서 돈을 번 세대는 현재 나이가 있는 할아버지 세대입니다. 일본 또한 인건비를 비롯한 물가가 오르면서 1차산업부터 제조업의 시장을 한국에 뺏기게 됩니다. 우리나라도 물가가 오르니 시장을 중국에 뺏기고, 중국이 오르니 베트남으로 이동하는 것입니다. 이렇게 시장의 흐름은 계속 변합니다. 물가인상으로 인해 제품 가격의 메리트를 잃은 기업들은 하나둘씩 빠져나가게 되면서 그곳에 근무하던 이들은 일자리를 찾아 서울 같은 도쿄로 이동합니다. 그러면서 무수히 지었던 아파트들은 공실이 되며 유령도시가 만들어집니다. 일본은 비어 있는 아파트를 임대 아파트, 숙박업소로 변경해 현재 사용하고 있습니다. 이곳의 집값, 부동산값은 과연 오를까요?

이걸 보면서 우리나라도 예측할 수 있는 건, 수도권·경기도 관문 도시를 제외한 다른 도시들에 일자리가 새롭게 생기지 않는다면 서울과 수도권 및 대도시를 제외한 아파트 가격이 크게 폭락할 수 있다는 것입니다. 도쿄 인근 주변의 부동산은 확 올랐습니다. 이유는 위에서 말했듯이 일자리가 있는 곳으로 사람들이 몰리게 되었기 때문이죠. 이렇듯 정부는 신도시 발표보다 무서운 일자리 문제를 해결해야 합니다.

보통 자녀교육, 주택대출금상환 등으로 인해 공적연금과 개인연금 등으로 노후에 대한 준비를 철저히 하기 어렵습니다. 그렇기 때문에 오늘날 우리는 더욱더 재테크에 열광하는 것 같습니다. 재테크에서는 현재 나의 소득 대비 지출을 어떻게 하고 있는지 분석하는 것이 제일 중요합니다. 자신의 상황을 꼼꼼히 분석하고 난 뒤 이 책과 함께라면 앞으로 다가올 재무 이벤트에 맞는 준비를 할 수 있을 것입니다.

내 월급에 딱 맞는
쪽집게 재테크

초판 1쇄 발행 2020년 2월 22일

지은이 서혁노
펴낸곳 원앤원북스
펴낸이 오운영
경영총괄 박종명
편집 최윤정 · 김효주 · 이광민 · 강혜지 · 이한나
마케팅 안대현 · 문준영
등록번호 제2018-000146호(2018년 1월 23일)
주소 04091 서울시 마포구 토정로 222 한국출판콘텐츠센터 319호 (신수동)
전화 (02)719-7735 | **팩스** (02)719-7736
이메일 onobooks2018@naver.com | **블로그** blog.naver.com/onobooks2018
값 16,000원
ISBN 979-11-7043-059-9 03320

이 도서의 국립중앙도서관 출판예정도서목록(CIP)은 서지정보유통지원시스템 홈페이지(http://seoji.nl.go.kr)와
국가자료종합목록 구축시스템(http://kolis-net.nl.go.kr)에서 이용하실 수 있습니다.(CIP제어번호 : CIP2020005488)

※ 원앤원북스는 독자 여러분의 소중한 아이디어와 원고 투고를 기다리고 있습니다.
　원고가 있으신 분은 onobooks2018@naver.com으로 간단한 기획의도와 개요, 연락처를 보내주세요.